人も自分も幸せに――

マナーのカリスマが大切にする

私スタイルの暮らし方

西出ひろ子

主婦と生活社

Introduction

はじめに

　ある人気テレビ番組に生出演したときのこと。突然、台本にはない質問をされました。その内容は「先生のモリモリ髪の毛の中には何が入っているんですか～」と。ちょうどその時、スープの食べ方を説明していた私は、とっさに手に持っていたスープカップを頭の上に置いて「これです～」と切り返し、スタジオは爆笑の渦になりました。マナーの先生がスープカップ（中身は入っていません）を頭の上に置くなんて！　と思われた方もいらっしゃるかもしれませんが、台本にはない突然の質問に対して、とっさに答え、その場が盛り上がったことは、今でも最善な返答だったと思っています。

その後、生徒の皆さんやＳＮＳを通じて「ひろ子先生のモリモリヘアの作り方を教えてください」とか「先生は日頃、何を食べているんですか」「お化粧品は何を使っているの？」「洋服はどこで買っているんですか？」など、マナー以外のファッションや美容、健康法等の質問を多く受けるようになりました。

私は21歳の時にマナー講師を目指し、その後、国会議員などの秘書職を経て、27歳でマナー講師として独立。型よりも心を重視する私のマナー論は当時受け入れてもらえず、31歳からマナーの本場と言われるイギリスへ単身渡英。現地ではマナーの学校に通うことなく、日常の暮らしの中で本物のマナーと接し、それを学びとしました。

帰国後は、その実体験からテーブルやパーティのマナー、婚活、ファッション、コミュニケーション、ビジネスで成功するためのマ

Introduction

ナーなどの個人向けサロンを主宰。2008年からは、NHK大河ドラマをはじめとするドラマ、映画、CMなどのマナー監修に抜擢《ばってき》され、超一流俳優やタレントの方々へのマナー指導も行っています。そして、書籍は国内外で100冊以上、著書および監修書累計100万部を超えるマナーの専門家となりました。

マナーは自分をよく見せるためのものではなく、互いに思いやり、プラスの関係を築き、幸せを共有し、分かち合い、共にステージアップしていくためにあるもの。本書があなたの日常生活ですぐに使える存在でありますように。そして、あなた自身の〝私スタイル〟で、心地よい暮らし、心からの笑顔あふれる楽しい毎日を過ごしていただけたら本望です。

Contents

マナーのカリスマが大切にする
私スタイルの暮らし方

Part 2

マナーを伝える人として――

私スタイルの美容・健康……037

Part 3

Part 4

大人の女性として押さえておきたい マナーの基本スタイル

Part 5

私がどうしても伝えたい マナーの本質、マナーの心……093

Part 6

ウェルネスマナーをライフワークに
私スタイルの悔いなき人生

Staff

撮影	竹中圭樹
	山田智絵
撮影協力	齋藤周造
	はちこ
写真協力	遠藤アスミ
メイク	橋本京子
	宮村勇気
デザイン	近藤みどり
編集・校正	小田切英史
編集協力	由井恵美
	垣内　栄

Part 1

マナーを伝える人として——

私スタイルのファッション

ファッション

—ビジネス編 1

Fashion

1

堅めのお仕事の時は黒、紺、白のスーツで

紺のジャケットに社章代わりの「H」のピンバッジでお仕事モード全開に。

ファッションのマナーは「TPO」に合わせて、とよく言われます。でも私は「TPPO」に合わせましょうとお伝えしています。「Time（いつ）」「Place（どこで）」「Occasion（何をする）」に「Person（誰と）」「Position（立場）」を加えるのです。マナーのお仕事のなかでも、企業研修や講演、テレビ番組でのマナーのレクチャーなど、その時の状況に応じて色もスタイルも変えています。気に入ったスーツのデザインがあれば色違いで購入することも多いです。襟にはヒロコマナーの「H」のピンバッジを弊社講師たちとお揃いでつけています。

企業コンサルのお仕事の時。白と黒できちんとした印象のコーディネート。企業研修では、板書をする時に腰からアンダーウエアが見えないように、ワンピースにジャケットを合わせます。

講演会の時は、一瞬にして注目を引き寄せられる素材や色、デリインを選びます。テーマや聴衆者に合わせて、華やかさや柔らかさを演出する装いを心がけます。

鮮やかなブルーのスーツ。腰下に少し広がりのあるラインで柔らかさを演出。

Fashion

2

ウエストシェイプのジャケットに同色の靴とバッグを合わせます

スーツのブランドなどは決まっておらず、ネットで買うこともあれば、オーダーしてもらうこともあります。身体のラインがきれいに見える、丈が短めのウエストシェイプのジャケットを選ぶことが多いですね。

色の勉強もしているため、その日の仕事内容や目的に応じた色のスーツを選びます。色の与える印象は重要です。

ブルーのドレスに白いジャケットを。
パーティではジャケットを脱いで。

バッグが黒なら靴も黒。色を合わせて引き締めます。

黒にグレーで、堅めの会社を訪問する時のきちんとスタイル。

テレビ出演や講演時に。ジャケットの袖とドレスの花柄をマッチング。

目立つキャップをかぶっていると「赤帽先生」と呼ばれることも。

極寒での撮影時には防寒にも配慮します。

Fashion

3

ドラマや映画での撮影現場では動きやすさが一番

ドラマや映画、CMなどのマナー指導を行う時は、動きやすいジーンズとスニーカースタイルを基本としています。現場では黒子の存在のため、基本は黒を着用しますが、大勢の人がいる現場で、どこにいるかわかりやすいように、目立つ色や柄をポイントとして服装や小物に取り入れるようにしています。

ポップな柄のジーンズ。役者さんやスタッフの皆さんとファッションの話になることも。

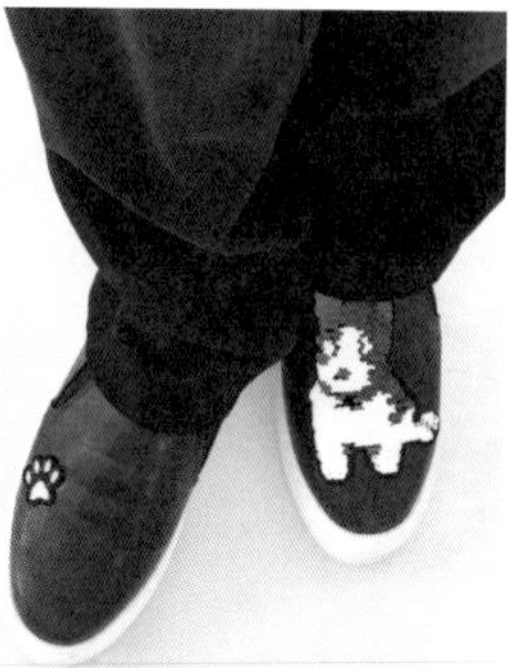

（上）現場では靴の着脱も多いため、すぐに履ける靴選びも重視。（下）シューズにはワンちゃんのモチーフが。リュックには名前をデコっています。

マナー講師の吉村まどかさん
とエレガンスマナー講座。

エレガンスマナーのパーティマ
ナー講座はロングドレスで。

Fashion

4

さまざまな講座に合わせて洋装と和装を使い分け

仕事柄、エレガントマナーや、和室での立ち居振る舞いなど、さまざまなシチュエーションに出向きます。そこで、14ページでお伝えした「TPPO」を実践するために、それぞれの講座にマッチした装いをします。そのため自宅では3部屋が衣装部屋になっています（笑）。20年前にマナー講師養成講座を受講し、その後、パートナーとして私を支え続け、活躍くださっている吉村まどかさんは唯一無二の大切な存在です。

和のマナーの時に和服を着ることも多いです。12月はクリスマスカラーで。つけ襟にはサンタやトナカイの刺繍を。

和食マナー講座後。まどかさんとアフターを楽しむことも。

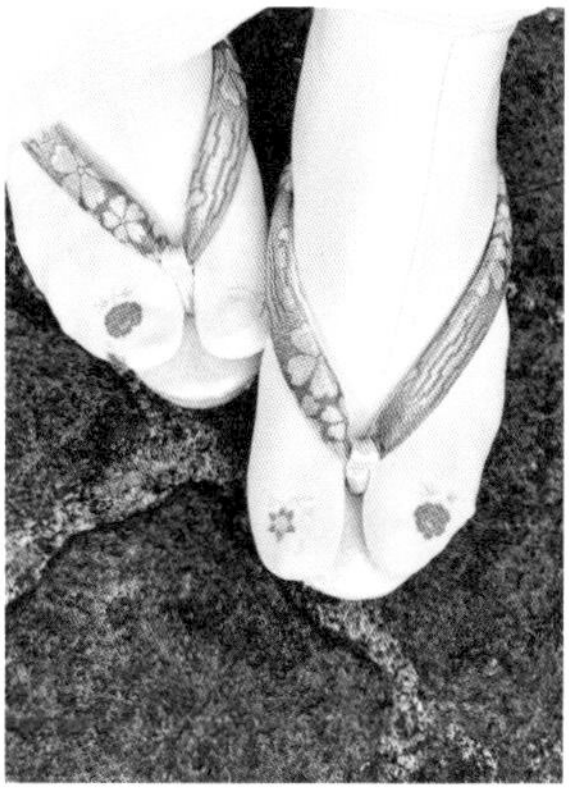

足袋にもこだわります。会話のきっかけにも。

ビジネス編　プリンセスドレス

Fashion

5

婚活・結婚マナー講座はウエディングドレスで

着るだけでテンションの上がるドレスは、ハッピーになるマナーの必須アイテム。50歳からの結婚を応援するためにウエディングドレスを50着購入。

ドレスを着るだけで姿勢もよくなり、自然な笑顔に。歩き方は結婚式の本番をイメージして。

誰もが一度は憧れるプリンセス。2006年に開講したプリンセスマナー講座は、プリンセスドレスを受講生も講師も着用して歩き方やテーブルマナーなどを学ぶ人気講座。さらに婚活・結婚マナー講座は、ウエディングドレスを着て、真っ白な心で相手を思いやるマナーを学び、素敵なパートナーと幸せな人生を過ごせる幸せ体質づくりを行います。

　ドレスを着るだけで笑顔になり、姿勢もよくなりますから、マナー講座にドレスは欠かせないファッションアイテムです。

老人ホームに入居しているおばあちゃま方がウエディングドレスを着て楽しんでいただく活動も。心から笑顔になる姿に感動します。

既婚者もドレスを着ることで初心に戻れると好評。ティアラをつけて、お姫様気分に。

Fashion

6

遊び心を取り入れたお出かけ服を選びます

愛犬のKOOにそっくりのプリント柄のドレスに一目惚れ。イギリスからの輸入もの。

家族や友人、仕事関係者や生徒さんたちとプライベートで観劇や食事に行くこともあります。マナーの基本は相手の立場に立つこと。一緒にいる時間を楽しく過ごしてもらいたいという気持ちを服装で表現します。

会ったその瞬間に思わず「可愛

大胆なバラのデザインのワンピースは、ジーンズに合わせてカジュアルにも。

ラブリーなギンガムチェックのワンピース。オレンジのネックレスを合わせて。

い！」と興味を持っていただけるコーディネートを心がけています。
ワンピースはどこに行っても基本的に好感度の高いスタイルです。

Fashion

7

バッグと靴の色を揃えることで正統派コーディネートに

フェミニンな絵柄と色味のバッグに合わせて、
ピンクのハイヒールで女性らしくコーディネート。

正式なファッションマナーでは、バッグと靴の色と素材を揃えます。同じ色に揃えるだけで、コーディネートが引き締まり、チグハグな印象を与えることがありません。派手なデザインのバッグなら、靴はシンプルなものにするといったメリハリもポイント。キャラクターものでも大人テイストに変身できます。

ヒールはつま先もかかとも
覆われている型が
フォーマル

ワンちゃんや猫ちゃんが描かれたバッグもハイヒール
と合わせると子どもっぽい印象になりません。

靴とバッグの
色を揃えた
コーディネート

Fashion

8

ロイヤルファミリーのような帽子や日本伝統文化の織物で華やかさを演出

英国のロイヤルアスコットでは市販の帽子にお花をアレンジ。

英国のアン王女もお召しになっていたドレスに、手持ちのヘッドドレスをコーディネート。

ロイヤルアスコットで着用した打掛生地のジャケットに、お揃いの織物で製作したバッグとリボン。

パーティに出席するため、ドレスを着る機会も多い私です。おしゃれのポイントのひとつが帽子やヘッドドレス。ロイヤルファミリーの方は、正装の際、ドレスだけでなく、帽子にもこだわっています。私も華やかな帽子を合わせることで、フォーマル感をアップしています。

打掛の生地のスーツやワンピースなど、日本ならではの美しいデザインを洋装にリメイクしたものも大好きで、和柄のオリジナルバッグも製作しています。

西陣織や博多織のバッグは某王室のプリンセスにもご愛用いただいています。

シンプルな黒いドレスに
織物のバッグが映えます。

鶴が舞う、打掛の生地
で作ったスーツ。ヘッ
ドドレスも赤で。

お出かけ編　アクセサリー

Fashion

9

洋装にも和装にも合うオリジナルの水引アクセ

HIROK♡STYLEのハッピー水引ローズシリーズ（リング）。

水引は、結んで作られることから良縁を結ぶ縁起物。シンプルなジャケットにピンバッジをつけるだけで人目を引くおしゃれアイテムです。私はイヤリングとリング、ピンバッジをお揃いでつけるのが定番です。また、水引には〝魔除け〟の意味もありますから、お守りのようなアクセサリーとしても身につけています。

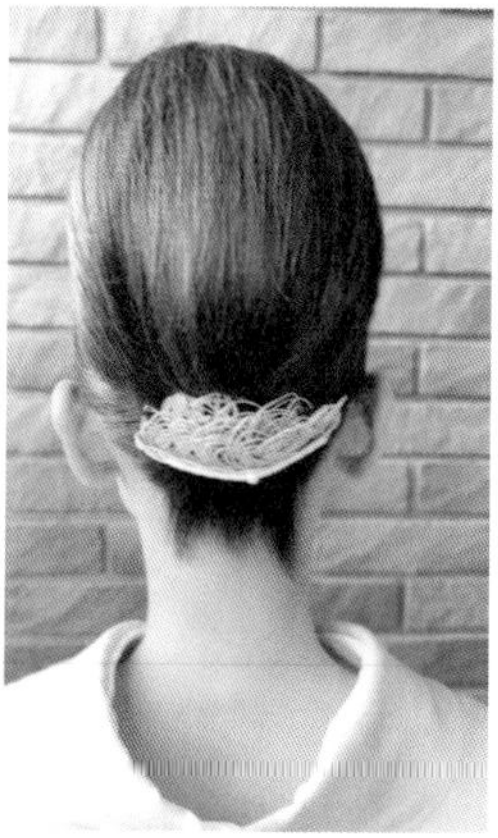

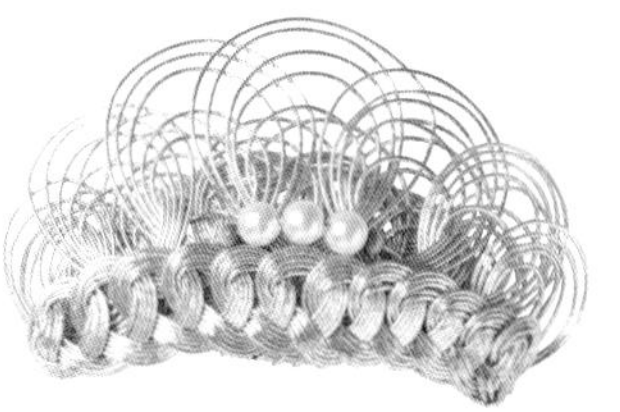

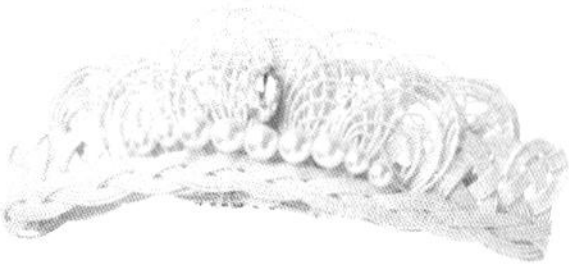

ヘアアクセやティアラとしても使い方は自由自在。ティアラとお揃いのハッピー水引リングとイヤリング。

男性にピンバッジをつけると大人リンクコーデにも。

リング、イヤリング、ピンバッジの3点セット。

色とりどりのハッピー水引アクセは装いに合わせて楽しみます。
製作：ハッピー水引アクセサリー作家、
結・ここちよ　梅﨑照美（照COCO）

Fashion

10

サングラスと帽子は誰でもセレブになれる変身アイテム

サングラスをかけてツバの広い帽子をかぶれば、誰でもセレブになれます(笑)。イメチェンや気分転換を楽しめるだけでなく、紫外線予防にもなるので、サングラスと帽子はたくさん揃えています。マスク同様に、ホコリや強風などから目を守るためにも役立ちます。

サングラスのブランドはさまざま。色や形、デザインが気に入ったものを。

キティちゃん付きのROXYのカジュアルなものから、お花のリボンがついたフォーマルなものまで、帽子もファッションアイテムとして取り揃えています。

サングラスや帽子も服装の色にマッチさせてコーディネート。

―プライベート編

Fashion

11

ジーンズやミニスカートで元気に若々しく

プライベートは、ほとんどジーンズを着用しているほど、デニムが大好きです。仕事柄、スーツやドレスなどを着る機会が多いため、ジーンズは動きやすく、リラックスできて、素の自分になれます。

ジーンズにジャケットを羽織り、ヒールを合わせると、カジュアルになりすぎません。

体型を維持するためにも、あえ

ジーンズにハイヒールやブーツを合わせて、大人カジュアルに。

てきつめのジーンズを着用するよう心がけています。「ウエストがゴム」のボトムを選ぶことはありません。

プライベートでは
色鮮やかなファッションを
楽しみます

セーターとソックスの同色コーデ。

ロングカーディガンはデニムのボリュームを隠したい時に重宝。

帽子とお揃いのカーディガン。

ミニスカートはパンツスタイルに着用して、ヒップを隠すことも。

ツイードのスーツとお揃いのバッグでトータルコーディネート。

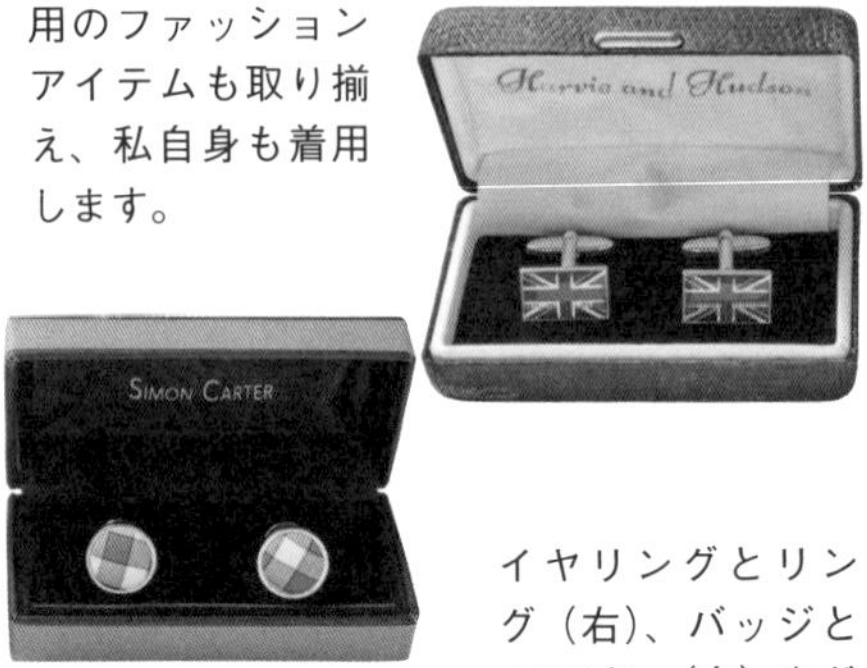

ジェントルマン講座で使用する男性用のファッションアイテムも取り揃え、私自身も着用します。

イヤリングとリング（右）、バッジとヘアピン（左）などをお揃いでつけるのも私スタイル。

海外講演の時など、その国に合わせたファッションや小物を身につけることも意識しています。

Part 2

マナーを伝える人として——

私スタイルの美容・健康

美容

――基本の肌のお手入れ法

洗顔の時もリフトアップを意識して上へ上へと肌を持ち上げるように。

Beauty

1

「ありがとう」から始まる洗顔ドクターズコスメでツヤツヤに

肌を元気にしてくれる細胞は、気持ちからも影響するので、朝起きたら、生きていることに「ありがとう」と感謝して、笑顔で洗顔をしています。若い頃は脂性でニキビ顔でしたが、年齢とともに乾燥肌に変わり、ニキビで悩むことはなくなりました。ところが、コロナ禍での毎日のマスクに加え、代謝の低下から皮脂が詰まり、肌荒れが。その後、「銀座・トマト」のドクターズコスメを使用し始めてから肌荒れも治まり、ハリやツヤも出てきました。

スキンケアは「銀座・トマト」の「CHIECO」シリーズを愛用。ドクターズコスメの安心感と確実な効果を実感しています。

首もデコルテも
体全体を「顔」と思って
潤いを与えます

ハリ感をキープさせたい時には、バラ幹細胞を配合させた化粧水と美容液を。大好きなバラがデザインされたボトルもお気に入り。

化粧水は顔だけでなく首やデコルテにもつけます。さらに耳下腺《じかせん》のマッサージを行って老廃物を流しています。唇はリップクリームで乾燥予防。

下地からアイブロウまで、メイクで使っているコスメ

- A マジックベースジェルクリーム（K・プレイズン）
- B nopa マイベストカラーファンデーション（素数）
- C クリアラスト　ハイカバーN キラ肌オークル（BCL）
- D nopa ルースパウダー（素数）
- E リキッドアイライナー（ラブライナー）
- F ラッシュコーティングエッセンス（BEAUTE Rroir）
- G テスティモ　ラグジュアリーアイズ（カネボウ）
- H media　W アイブロウ　ペンシル＆パウダー（カネボウ）
- I マキアージュ　デザインチークカラーズ（資生堂）

Beauty

2

素肌が整っていればメイクは3分でOK

スキンケアによって肌が整っていると、メイクで隠すところが少なくなり、メイク時間は短くて済みます。唇は色付きリップクリームで時短に。リップグロスで潤いをプラスします。メイクアップコスメは、人に薦めてもらったものやドラッグストアコスメなど、いいと思ったものを使っています。ファンデーションは、北斗晶さんプロデュースの「素数」を愛用。カバー力があって驚くほど肌がきれいに見えます。

1

下地は「マジックベース ジェルクリーム」。毛穴を隠してくれます。Ⓐを使用。

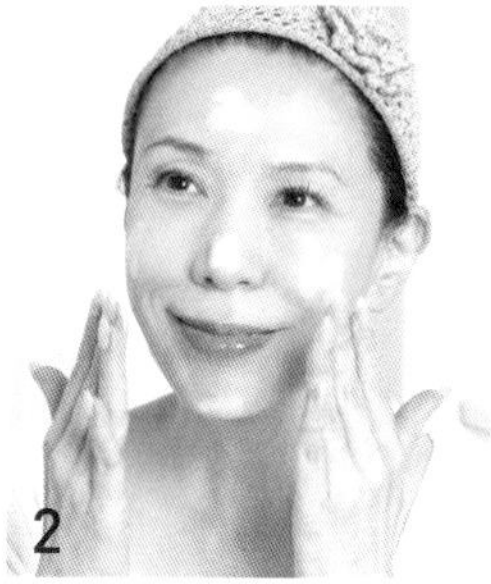

2

ファンデーションは「nopa マイベストカラーファンデーション」Ⓑ。

3

仕上げはカバー力重視のⒸをつけた後にⒹを首にもつけます。

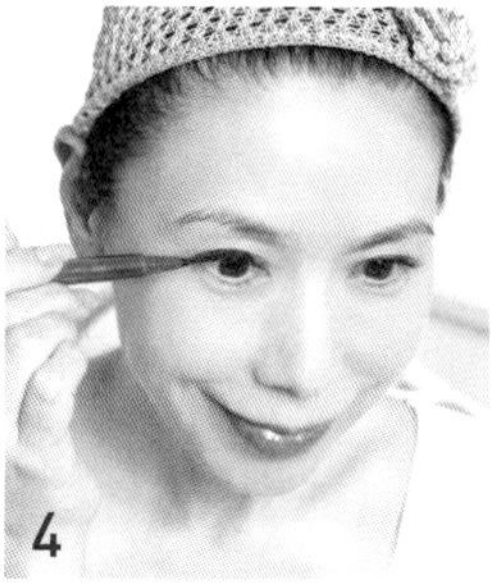

4

アイラインは中央を太目に描くことで、黒目を大きく見せています。Ⓔを使用。

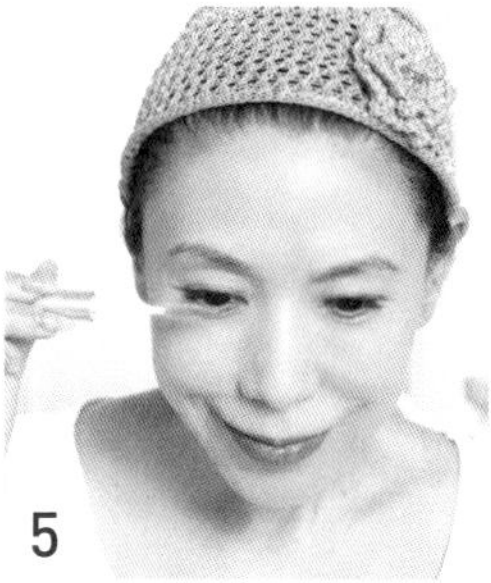

5

まつ毛はエクステをしているので、まつエク用の美容液をつけるだけ。Ⓕを使用。

6

アイシャドウは、指の腹でパールの入ったピンク系に白を混ぜて使っています。Ⓖを使用。

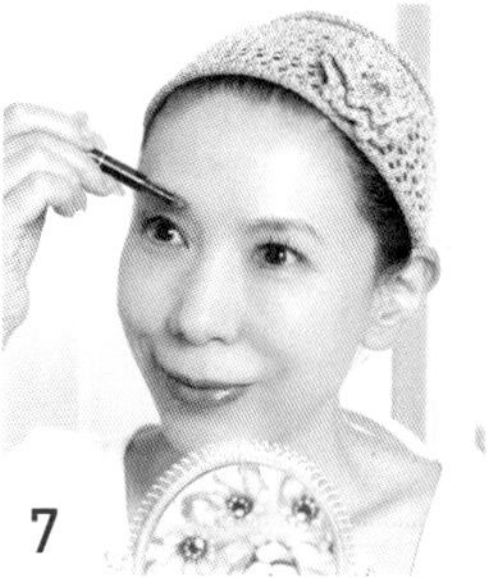

7

眉はⒽ「media Wアイブロウ　ペンシル&パウダー」で整えています。

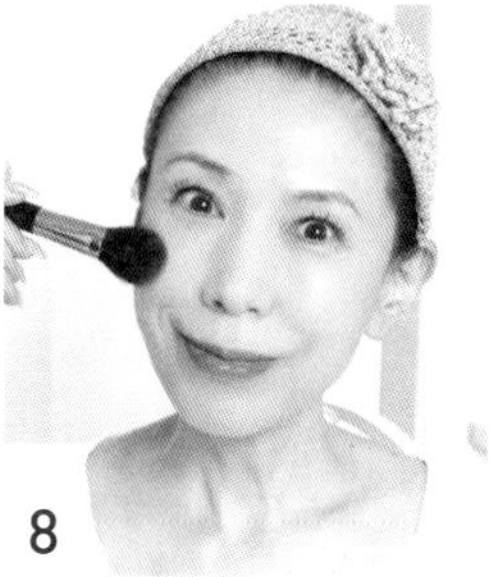

8

チークは自然に仕上げるため、頬の上にぽんぽんとのせるだけ。Ⓘを使用。

優しく元気な北斗晶さんプロデュースの「素数」のファンデーションとルースパウダー。砂漠を生き抜くサボテンエキス配合で保湿効果も期待できます。

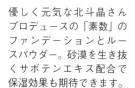

美容

—おすすめエステ

Beauty

3

エステでの肌ケアとシートマスクは3日に1回

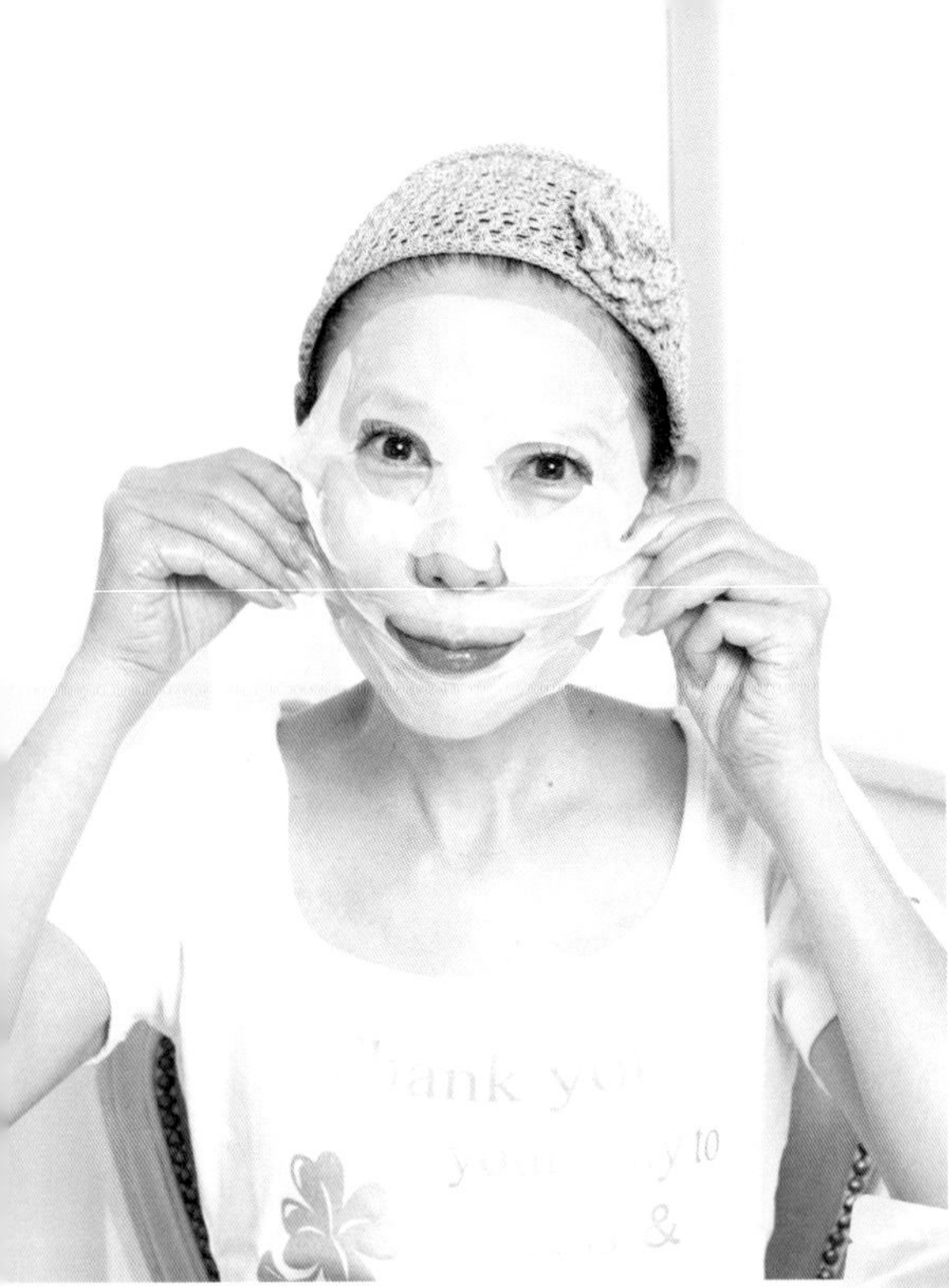

シートパックは顔を上へと引き上げながらのせます。余った液は首やデコルテ、手などにつけてケアを。乾燥対策、リフトアップキープ、さらに、お化粧のノリをよくしてくれます。「プラセン　エイジングケア　トリートメントマスク」(ラ・フラーム)

スペシャルケアとしては、東京・表参道のエステサロン「ラ・フラーム」に30年ほど通っており、サロンオリジナルのシートマスクも愛用しています。こちらは代表の佐藤玲子先生の高い技術力とそれを受け継いだスタッフの皆さんの心からの接客で、安心と信頼のサロンとして知られています。ニキビで悩んでいた20代の頃から、ずっと私の肌を見続けてくださっているので、お肌のトラブルが起きた時には駆け込み寺のような存在です。また、佐藤玲子先生の仕事に対する姿勢やポリシーは、私の理想そのもので、仕事のことやプライベートの話をすることもサロンに通う楽しみのひとつです。

バスタブもあるため、プチ旅行的な気分も味わえて、ストレス解消にも。蓄積された疲れはリンパの流れを促すアロママッサージでスッキリ。その日の気分でアロマオイルも選べます。

サロンのお花や緑にも癒やされます。

ラ・フラーム
東京都港区北青山
3- 13 - 3
☎ 03-3486-0357

沖縄を拠点に国内外で活躍中の百次亜紀子先生のエステサロンはモデルやアスリートの方々も多く、医療エステを行っています。私も沖縄出張中は施術をしてもらい、本番でのパフォーマンスを上げたり、疲れを取ってもらったりしています。看護師でもある百次亜紀子先生は、特殊技術を使用したブライダルエステで美しいウエディングドレス姿を演出してくれます。

インディバ・メディカルサロン
エムグレイス
沖縄県中頭郡北谷町美浜
9-21
デポアイランドシーサイド 2F
☎ 098-989-0088

Beauty

4

パワードライヤーで時短
白髪を隠す
頭皮ファンデは必需品

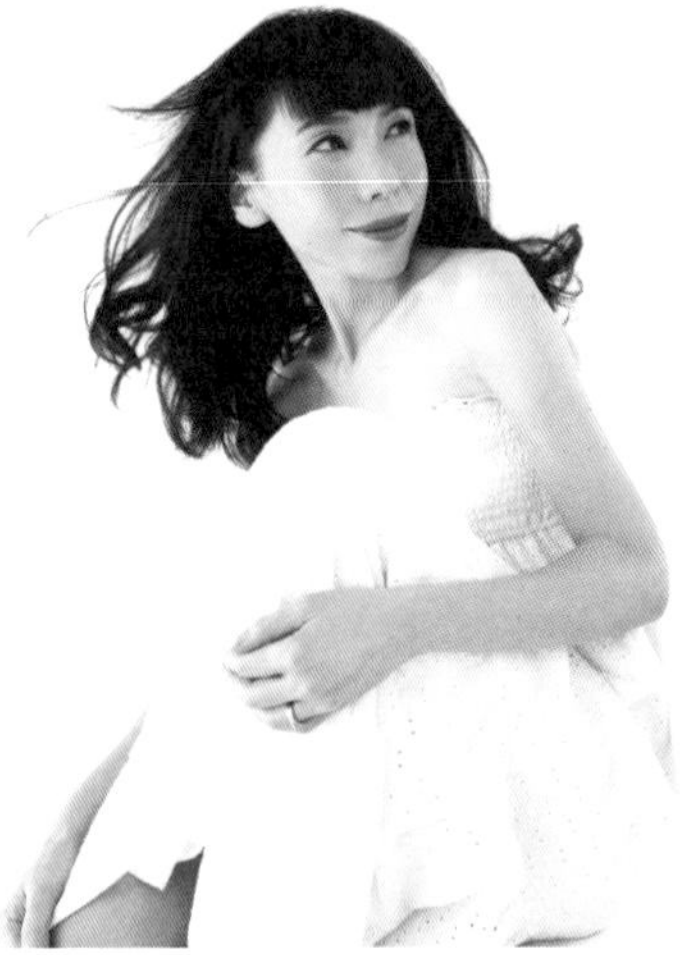

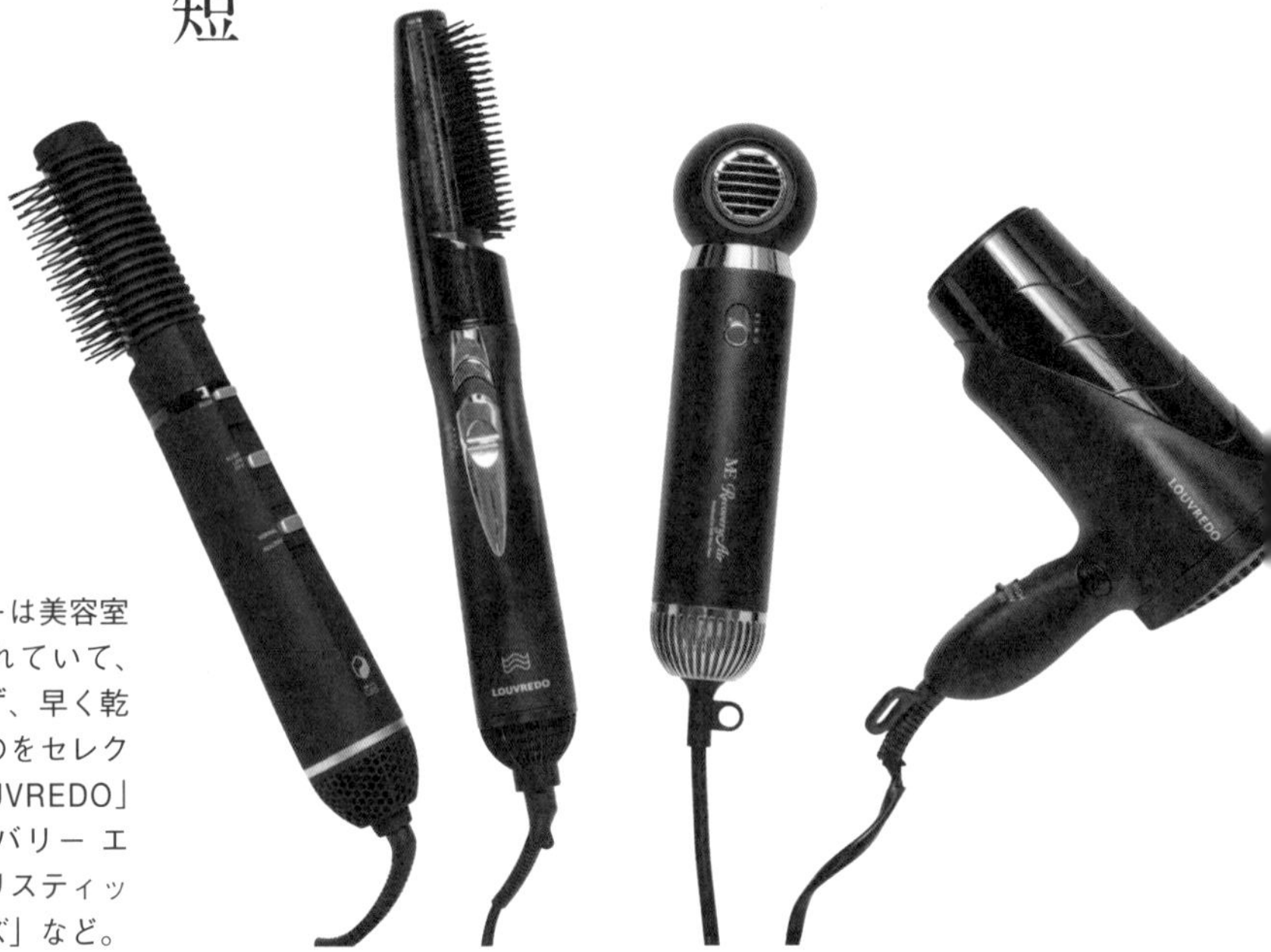

ドライヤーは美容室でも使われていて、髪を傷めず、早く乾かせるものをセレクト。「LOUVREDO」「ME リカバリー エアー」「ホリスティックキュアズ」など。

頭皮を元気にするためにブラッシングは入念に行います。「ラブクロム」は、特殊技術で、とかすだけで髪のツヤとハリを守ってくれます。

コロナ禍では感染防止のためヘアサロンに行かず、自分で髪をカットしていました。小さい頃は母がカットしていたので、自分でカットすることに抵抗はありません。ドライヤーは、パワーのあるものを使用し、短時間で乾かします。ストレスで抜毛症になったことがあるので、育毛対策をしています。生え際の白髪を隠してくれる頭皮ファンデは手放せない必需品です

生え際の白髪を隠せる「アートミクロン モアモアプラス パウダー」（アートネイチャー）。

Beauty

5

トレードマークのモリモリヘア！「マナー西出ひろ子」の作り方

ヘアスプレーでまとまりやすいように固め、地毛を頭頂部でまとめます。

私が最初に出版した本はビジネスマナーの本でした。そのため、企業の人財育成や営業接客マナー指導を行う立場の私の髪の毛はきちんとまとめていなければなりません。しかし、普通にまとめるだけでは物足りず、「モリモリアップヘア」でアレンジするようにしました。この髪型はウィッグを使って3分で作ることができ、地毛を上のほうでまとめるため、リ

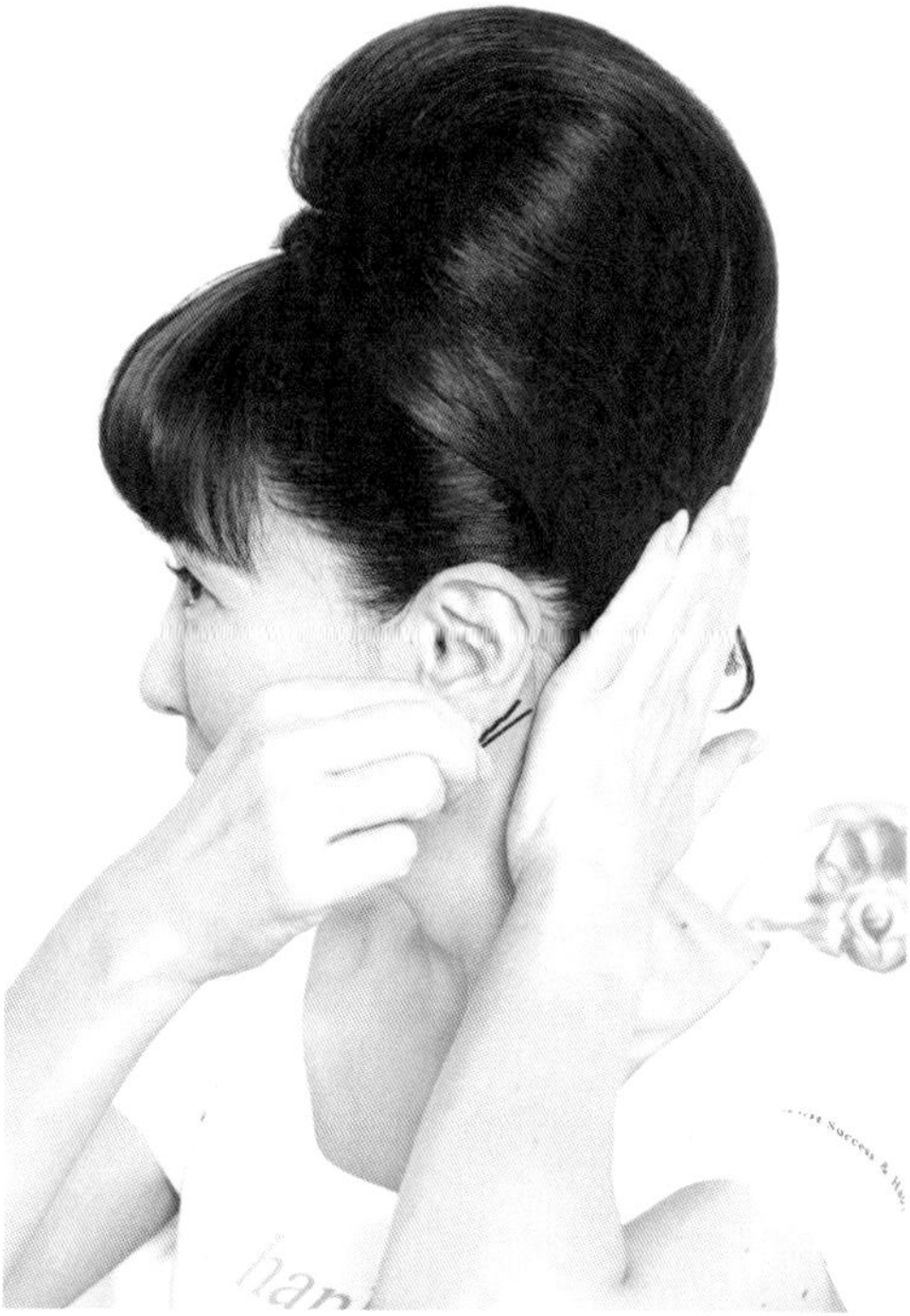

毛先を整えやすくするために
ピンで固定し、まとめます。

ウィッグをのせて毛を整え、
ピンでとめて固定。

フトアップ効果にも。初めてお会いした方にも、この髪型で覚えていただけて、「マナー西出ひろ子」といえば、「あのモリモリヘアの人ね！」と私のアイコン（シンボル）になっています。

トレードマークの
「モリモリアップヘア」
が完成！

ヘアメイク2

Beauty

6

ウィッグで気軽にイメチェン 髪のトラブルもカバー

ふんわりウィッグにはカチューシャをつけて。頭頂部を押さえることで自然に見せます。

マナー講師という仕事上、明るいヘアカラーにしたり、モリモリヘアにするため、ショートカットにするのが憚《はばか》られます。そのため、ウィッグで気分転換を行います。ショート、ミディアム、ロング、付け毛を加えると30個以上持っています。これは、企業の接客マナー事前調査のために行うミステリーショッパー（覆面調査）の時など、仕事にも役立ちます。セールの時期にネットで購入することが多いですね。ウィッグは白髪を気にする必要もなく便利です。また、ストレスで抜毛症になった時には、ウィッグのおかげで人前に出ることができました。ウィッグにも、それを作り、販売くださる方々、人毛を提供くださる方々にも感謝の気持ちでいっぱいです。

イギリスにいた30代の頃の髪型にそっくりなショートウィッグ。当時に戻った気分になれます（笑）。

特殊なマシーンを用いて、脳を刺激、成長ホルモンの分泌を促す。更年期障害、抜け毛や白髪、不妊症に悩む方々にも人気。頭皮に優しいヘアケアも充実。

Rena Maria SPA
銀座VIP店
東京都中央区銀座6-7-2
みつわビル4F
☎ 03-6263-8848

Health

7

頭皮や髪・爪 目のケアを入念に

当時3か月だった愛犬が骨折から壊死、断脚となったショックから43歳で閉経。生理痛のひどかった私はこれで楽になる！ と思いましたが、女性ホルモンの低下からくる不調に苦しむことに。

そんな時、俳優・著名人などが足繁く通う「レーナ・マリア」代表、上田実絵子先生考案の、脳を刺激することでホルモン分泌を高

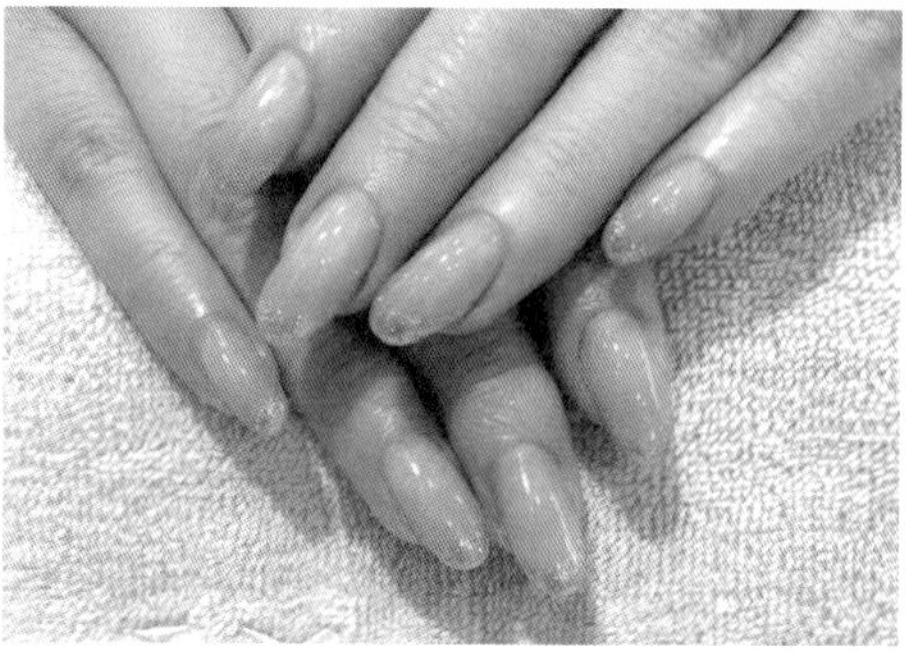

手だけでなく、足の爪ケアも。オイルコ　ティングで乾燥を防ぎます。

Nail Salon Diva 表参道店
東京都渋谷区神宮前 4-10-5
C & C ビル B1F
☎ 03-3470-3455

ドライアイのため、クリニックで目薬を処方してもらっています。外出時も常に携帯して目の乾燥などを予防。

める「頭蓋骨加圧™マッサージ」に助けられました。ドバイの王様など世界のＶＩＰらから名指しで施術依頼のある上田実絵子先生は、お話をするだけでパワーをいただけます。

　仕事柄、名刺交換やテーブルマナー、ふくさの包み方など、手元を見られることが多いため、爪のお手入れが欠かせません。ネイルは、「Nail Salon Diva 表参道店」のアートディレクター、渡口聡美さんに長年お世話になっています。「リピートビューティジェル」の手法で、オフせずに繰り返しジェルネイルができ、美しい手元を実現してもらえます。仕事内容に合わせて色やデザインを変えています。

おいしいごはんと梅干しがあれば幸せを感じられます。

Health

8

30回は噛んで食べることが内臓へのマナーです

私の伝えるマナーは「相手の立場に立つ思いやり」。その相手には自分の身体、内臓への配慮も含まれます。そう考えると、最低でも30回は噛んで胃に送ってあげることは、内臓の負担を軽減させるマナーだと思うのです。また食材そのものの旨味を味わうのもマナーと考え、調味料はほとんど使いません。食材は噛めば噛むほど、本来持っている甘味や塩気が出てきます。それを感じることができると、いっそう食材への感謝の気持ちが湧いてきます。

甘味が必要な時はデーツシロップ。油は有機亜麻仁油、塩は海のミネラル。のどをケアするマヌカハニー、甜茶《てんちゃ》のど飴はお湯に溶かして。

めかぶ、納豆、オクラなどのネバネバ系食材は必須。お通じも快調に。小腹が空いたら、デーツ、白いちじく、梅干し、ナッツ、アボカドなどを。

基本的にグルテンフリーで炭水化物を摂らない生活ですが、生まれ故郷の大分「らいむ工房」の白米、蒸しむらさきもち麦、むらさきもと麦は、糖質をカットしてくれる炊飯器で、やわらかめに炊いて食べます。福岡の「すこやかはちみつ園」のスティックタイプの天然の生はちみつは、出張時にも重宝します。

おうちティータイム

Health

9

飲むのは身体にも心にも優しい白湯やハーブティー

東京・三鷹にある「ナチュラルテラ」のハーブティーがお気に入り。胃腸にいい「カモミール」に、その時の気分で「薔薇色の未来」や「さわやか冴え」をブレンドします。

コーヒーや炭酸飲料が大好きだった私ですが、現在の主な飲み物は白湯かハーブティーになっています。また、身体を冷やさないように、冷たい飲み物や食べ物は基本的に摂らないようにしています。もともと乳製品や甘いものが大好きでしたが、それらを食べすぎたせいか（笑）、年齢とともに身体が欲しなくなってきました。とはいえ、職業柄、テーブルマナー講座や会食時には、ありがたくいただきます。だからこそ、プライベートではなるべく内臓を休ませてあげられる、身体に優しい飲食を心がけています。

自宅テラスで、夫と愛犬KOOとティータイム。お気に入りのエスプレッソカップは、仕事関係者からの海外土産。白湯もエスプレッソカップで。

Health

10

東洋医学で免疫力をアップ 自宅でよもぎ蒸しも実践

東洋医学の「赤ひげ堂」で指圧や鍼灸の治療を受け、食事改善のアドバイスをいただきました。食事改善をしたことで、1か月後に肌のくすみもなくなり、体重は3か月で8kg減。ダイエットをするつもりはありませんでしたが、結果的に減量となり、身体も心もスッキリ！　直感も冴えるようになりました。

薬に頼らず、自己免疫力をアップさせることの大切さを、院長の竹内信幸先生はじめ諸先生方に教えていただいてます。

赤ひげ堂
東京都渋谷区代々木 1-38-8
那須ビル 2F
☎ 03-3370-5015

自宅では身体を芯から温めるため、「よもぎ蒸し」や棒灸を行っています。

Health

11

予防医学とサプリメントで生涯、健康を目指します

お子さまから高齢者まで幅広い層に人気。美容皮膚科も併設。

あかりクリニック
東京都世田谷区三軒茶屋 1-32-14
園田ビル 3F
☎ 03-5430-9055

肌や腸、血液、コレステロール対策のサプリメント

（左）「LDL コレステロールが高めの方のサプリメント」、（上右）「ふかひれコラーゲン　本真珠＋」、（上中）「CIECO 薔薇プラセンタ SC」（以上銀座・トマト）、（上左）「LCH ハタ乳酸菌」（セレクト）。

40代の時、公私ともに親しくしていた3名の恩人がガンで天国に逝きました。彼女たちから共通して言われた言葉は「ひろ子さん、病気にならないように、日頃から予防してね」。その言葉を大切に、私が定期的に通い続けているのが「あかりクリニック」。院長の馬場克幸先生の優しいお人柄は緊張せずに症状や悩みを伝えられます。私は、高濃度ビタミン注射などでお世話になっていますが、西洋医学と東洋医学、それぞれの利点を融合させた体調管理で、他界した恩人の分まで元気に生き続けます。

56ページで紹介した「赤ひげ堂」で
O脚矯正していただきました。

40年後

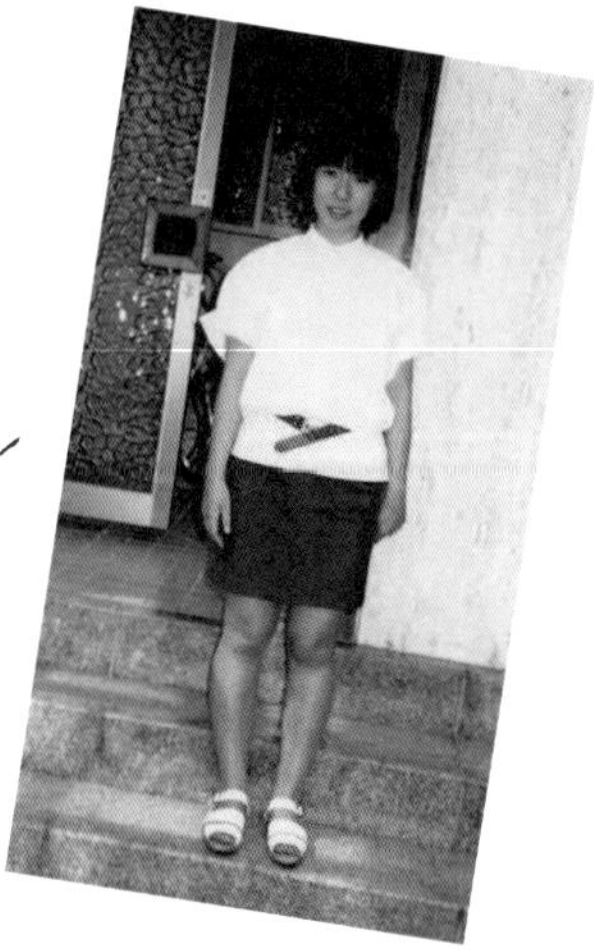

美に無頓着すぎた中高
生の頃。ツッコミどこ
ろ満載の立ち方（汗）。

ニキビ顔でひどいO脚でし
たが、コンプレックスがあ
るからこそ自分磨きをしよ
うという気持ちになれます。

若い頃はひどいニキビ顔でした。もともと面倒くさがりの私は、自分で肌のお手入れなどをしないタイプ。それが人前に立つマナー講師を目指してからは、美と健康にも意識を向け、その道のプロとして取り組むようになりました。毎晩、湯船につかって、しっかりと睡眠をとることで、脚のむくみを解消しています。

Part 3

マナーを伝える人として――

私スタイルの家事・心の癒やし

Housework

1

感謝の気持ちを料理に託す 愛いっぱいの食卓の作り方

夫からのプロポーズは「結婚してください。ひろ子さんは何もしなくていい、一緒にいてくれるならそれでいい」でした。でも唯一の結婚の条件として「チャーハン作れる？」と聞かれ、私は「はい！」と答えたのです。私の食事は前述

包丁の使い方は、学生時代にアルバイトしていた飲食店の板前さんから手ほどきを受けました。

のとおり、豆腐やめかぶなど簡単なものばかり（笑）ですので、料理は夫のためにします。仕事が多忙な時には料理はできませんが、夫は文句ひとつ言わずに見守ってくれる人。ですので、料理をする時には、感謝の気持ちを調味料代わりにトッピングしています。

　私の母は、餡《あん》もあずきから作ったり、ブリなどの大きな魚もさばいたりと、料理の達人でした。子どもの頃、「お父さんとケンカした時には、お父さんの好物を作るようにしているの」と聞いた時には「なるほど〜」と感心したことは今でも鮮明に覚えています。「ごめんね」とか「ありがとう」とか、家族ゆえに言えない時に、料理を通じてそれを伝える。「気持ちを形で表現するのがマナー」と提唱している私の原点は母の料理から生まれたのかもしれません。料理には作り手の気持ちが込められるからこそ、「美味しい」と言ってもらうためにも、いつも感謝の気持ちを忘れずにいたいと思います。

ソーサーの「Thank You」や「LOVE」がカップに映し出されて、気持ちを伝えます。

夫への日頃の感謝をお箸に刻んでいます。

Housework

2

歯磨きジェルやサプリメントで愛犬の健康を守る

KOOのごはんタイム。伏せで「待て」ができて、きれいにごはんを食べます。

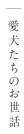

我が家には現在12歳の愛息犬トイプードルと、愛娘犬4歳のラブラドールレトリバーがいます。ワンちゃんたちのごはんは、基本はドライフード。その他、鹿肉や馬肉などに豆腐を混ぜたものを与えます。13歳で天国に先立った愛娘犬の時に味わった後悔の念から、愛犬たちの食べ物には細心の注意をしています。

健康を守るために食事にはサプリメントを加え、口腔内の健康と口臭予防のために歯磨きジェルも使っています。

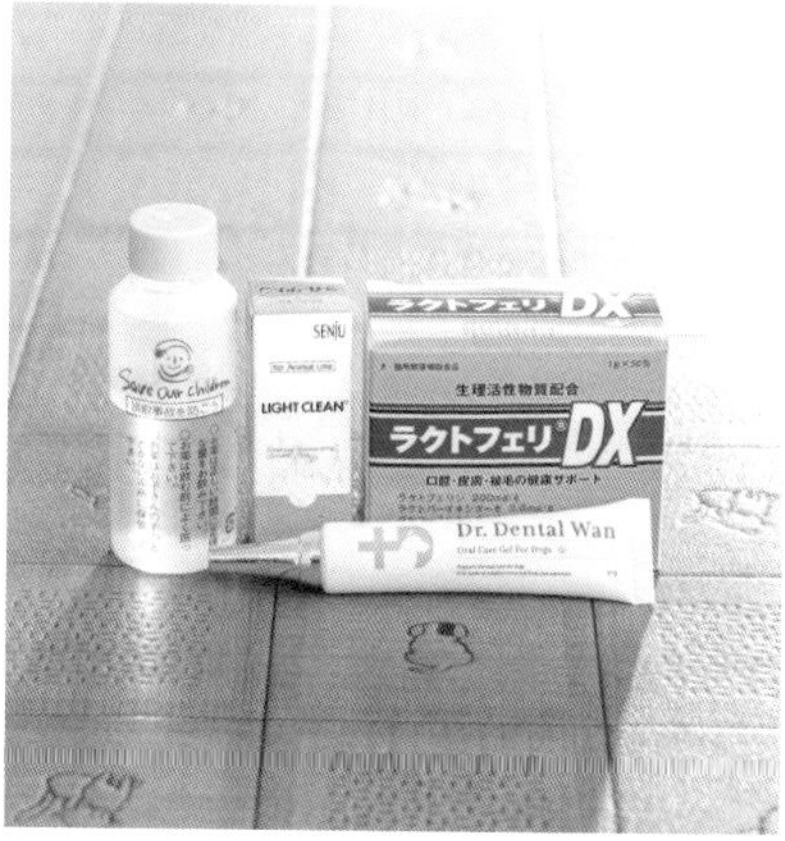

（上）KOOのお薬やサプリメント。与え忘れのないように、キッチンに立つと目の前に置いています。
（中）ドライのドッグフードは個包されていて、酸化を防ぎます。豆腐も小さいサイズを選び、1日で食べ切るようにします。
（下）お散歩。KOOの右前脚は義足。引き取った時は栄養不足だった保護犬のROYも元気に成長中。

Housework

3

掃除はお辞儀の姿勢で洗濯物の干し方にもマナーあり

掃除の鉄則は、拭くこと。掃除機をかけても床を拭きます。これは愛犬や家族の安全のため。掃除機で吸い取ることのできなかった汚れや何かの破片など、拭かないとわからないことがあります。また椅子などはその脚の裏まで拭きます。これはモノに対するマナー。動物やモノはきれいにしてほしい

頭上から腰まで真っ直ぐにするお辞儀の基本姿勢で。

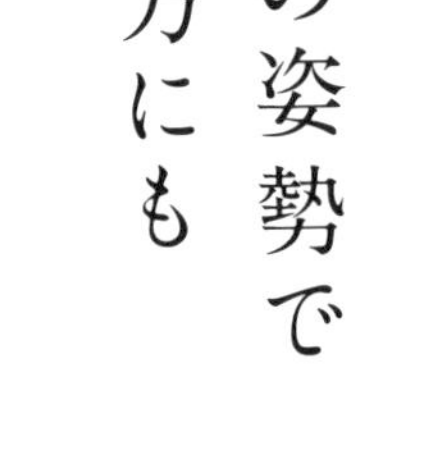

座礼時のように、指を揃えて、手はハの字につきます。

と思っても、言葉を発しません。相手の立場に立ってみれば、テーブルや椅子も隅々まできれいにしてほしいはず。人間だって足の裏も洗いますでしょ。また掃除中にさまざまな仕事のアイデアが思いつくため、掃除はラッキータイムでもあります。

20代の頃の私の第一印象は「ツンとしている人」。それが嫌で部屋中に鏡を置いて、家事をしている時にも自分の表情をチェックするようにしました。ですから、今でも掃除中や洗濯物を干す時にも、目を微笑ませて口角を上げるよう心がけています。私が微笑んでいたら、愛犬も含めて家族や家全体に笑顔が広がります。

掃除をしていたら、KOOが雑巾の上に。掃除のお手伝い？　それとも遊んでほしいの？（笑）

靴下を干す時は左右セットで干します。表面に洗濯ばさみの跡がつかないように内側を洗濯ばさみでとめます。

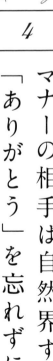

心の癒やし

—自然

自宅のガーデンにはお花がいっぱい。ガーデニングによって自然体で生きることの大切さを教えてもらえます。

Healing

4

マナーの相手は自然界すべて「ありがとう」を忘れずに

土を触っていると、エネルギーをもらえ、自然と一体化する感覚が得られます。ガーデニングは、お花や土などと会話をしながら行っています。私にとって「相手」とは、人のみならず、動物、植物、鉱物、自然界すべてをさします。思いやりを持って接するマナーは、人間相手だけではありません。道行く人たちの癒やしになるよう、お花の色や種類を考えながら植えています。人や動植物などに喜ん

室内にも自然を取り入れリラックスを心がけます

贈り物でいただくフラワーアレンジメントは、枯れる前に花瓶に挿し替えます。落ちた花びらは水の上にのせて。

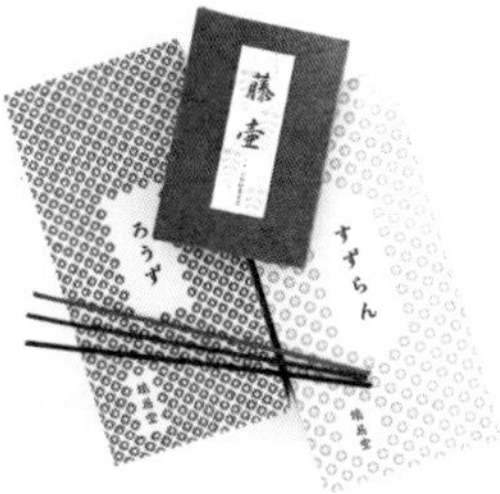

精油は、その日の直感で。お香でも浄化。

でもらえると私の心も喜びます。
良い仕事を行うためにも、家族のためにも、常に自分の心身を良い状態にすることを心がけています。室内にもお花を飾ったり、エッセンシャルオイル（精油）やお香で自然を感じられる空間を作り、気分よく生活できる環境にします。

一輪挿しからは勇気をもらえます。

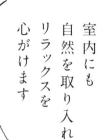

結婚20周年は「磁器婚式」と言われるため、ペアカップも。

Healing

5

相手の立場に立った生徒さんからの贈り物は宝物

贈り物にもその人の気持ちが宿りますね。私の元でマナーを学んだ生徒さんたちが、それぞれに考え、思いを込めて贈ってくださる気持ちに感謝です。皆さんからの贈り物は宝物として、自宅で大切に飾っています。

結婚20周年の時は、多くの生徒さんやスタッフ、講師の方々からお祝いをいただきました。夫の名前を知っていても、SNSアップ時のことを考えて「ご主人様」とした気遣いのメッセージカード。

可愛いカルトナージュのトレイ、ウェットティッシュカバーも、生徒さんの手作りプレゼント。

「HIROK♡STYLE」のロゴ入りのティーカップやお皿も、生徒さんが作ってくれました。

Healing

6

相手を想いながら型破りな贈り方もします

お祝いや感謝の気持ちをお花に託します。「こんなことされたら嬉しいな」を基準に贈ります。

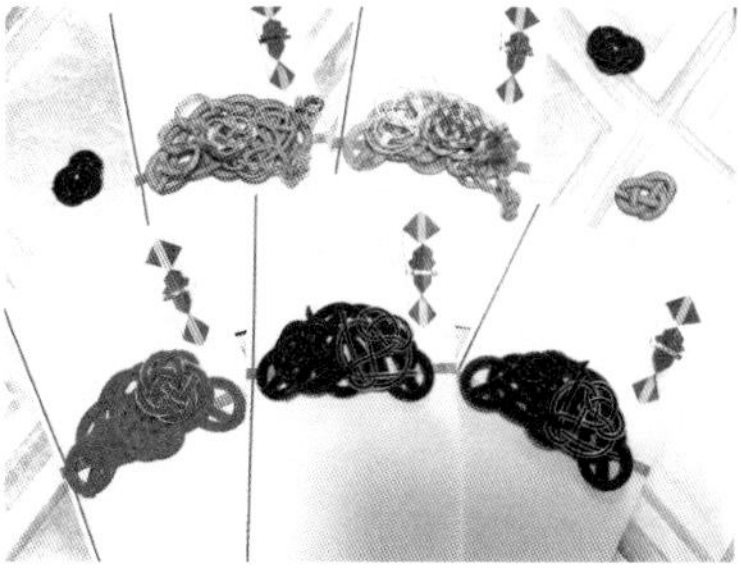

（右）還暦や古希、傘寿などそれぞれに合わせたオリジナルの祝儀袋でお祝いを（HIROK♡STYLE）。（中）二次使用できる水引をリボン代わりに。（左）手作りの水引で簡単ラッピング。

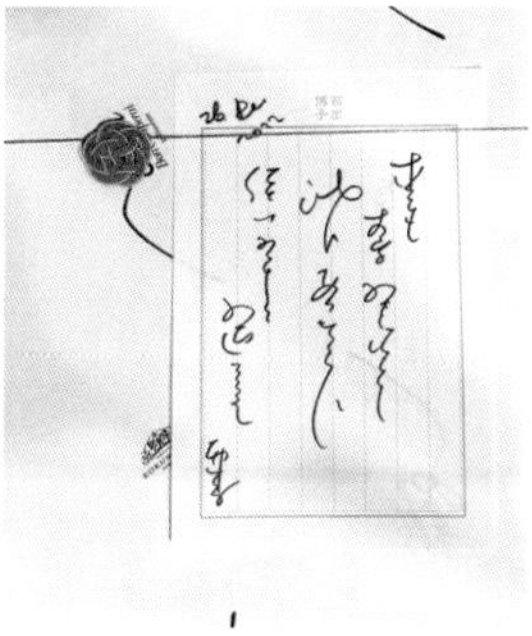

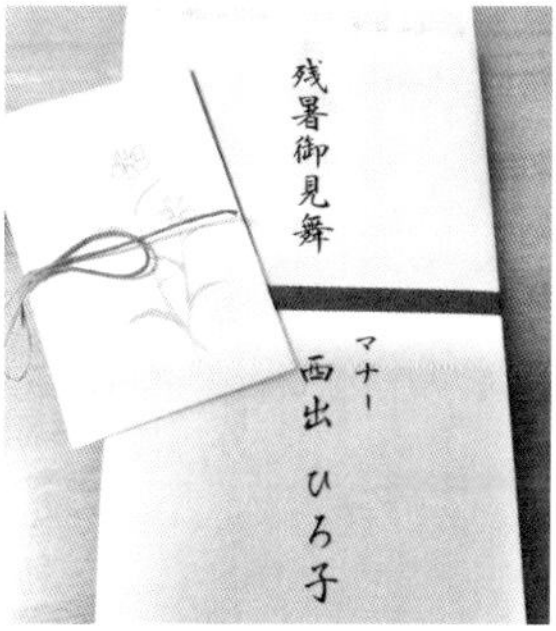

（右）贈り物には一筆添えて。（中）撮影現場などへの差し入れやお礼にも。（左）表書きも自由に。

心を形で表現するマナーとして、気持ちを込めて、さまざまな形で贈り物をします。日本にはお中元やお歳暮など時期に応じた贈り物がありますが、それぞれに意味があるので、その贈り方が大切です。こだわりすぎるとストレスになるので、私は形式にこだわることなく、無理のない範囲で気持ちを優先させて贈っています。エコにも配慮しながら、贈る相手に喜んでいただける贈り方を都度考えます。企業への贈り物は規則の問題もあるので、確認をしてから贈るようにしています。

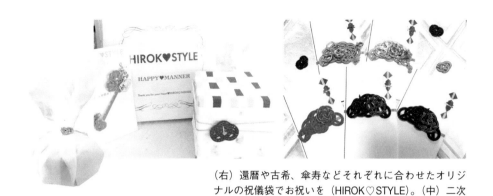

Healing

7

用途や季節に合わせた特別なご祝儀袋を作ることができます。
製作：ハッピー水引アクセサリー作家、結・ここちよ 梅崎照美（照COCO）

日本の伝統文化を今に伝えるおしゃれな水引グッズ

水引は、一本一本の和紙を心を込めて結んだもので、「御縁を結ぶ」とも言われます。「邪気を払う」とも言われ、コロナ禍を経て、さらに人気になっています。

SNSで知り合った、水引作家の梅崎照美先生とは、同郷ということもあり意気投合。出会ったその日に、弊社のオリジナル水引アクセサリーを依頼し、オンラインで水引講座を行っていただいた

(上)水引きで作った鏡餅。(下)ボトルマーカーとしても活躍。義父の古希のお祝いボトルにも。

水引きで作ったブーケ。

相手を想い一本一本結ぶ時間は至福のひととき。

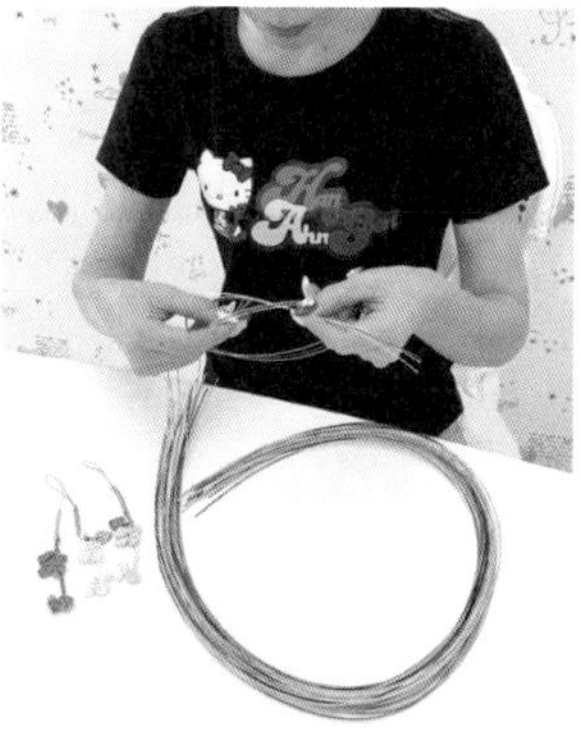

ところ大盛況。今ではロンドンなど海外にも、この水引講師養成講座を学んだ生徒さんたちが、日本の伝統文化である水引を広めてくださっています。私もオンラインで照美先生に学び、水引アクセサリーを作る時間は、贈る相手を想いながらそれに集中できる至福のひとときになっています。

Healing

8

感謝の気持ちは筆で――切手は季節や相手に合わせて

手紙を書く時は部屋をきれいに片づけ、アロマやお香を焚きながら書きます。愛息犬 KOO は、いつも私のそばにいてくれます。

書道の教員免許を取得しているほど、もともと筆で手紙を書くことが大好きでした。

ところが、心のマナーを伝えたく、企業研修やメディアの仕事などに明け暮れていた40代は、心穏やかに手紙を書く気になれませんでした。

しかし、還暦を前に、もともと大好きな手紙を書く時間をとるようにしています。

相手を想いながら、感謝の気持ちを筆に託す時間は心が澄み渡る贅沢な時間です。

手紙の書き方にもその型があります。私が意識していることは、目上の方への頭語は、「拝啓」より「謹啓」、結語は「敬具」より「敬白」を用いるなど、一般的な「拝啓」「敬具」を使用しないようにしています。

また、敬称の「さま」も、目上の方には一般的な「様」ではなく、目上の方に使う「様」を用います。「かしこ」は女性ならではの結語と言われています。「かしこ」で結ぶときには、「一筆申し上げます」から書き始めます。

便箋や切手は、季節にマッチしたものや送る相手の好みのものを選びます。翠などの色付きの筆ペンで書くことも。名入りのオリジナル便箋と封筒も。

Healing

9

お散歩は愛犬へのマナー話せない動物の気持ちを察して

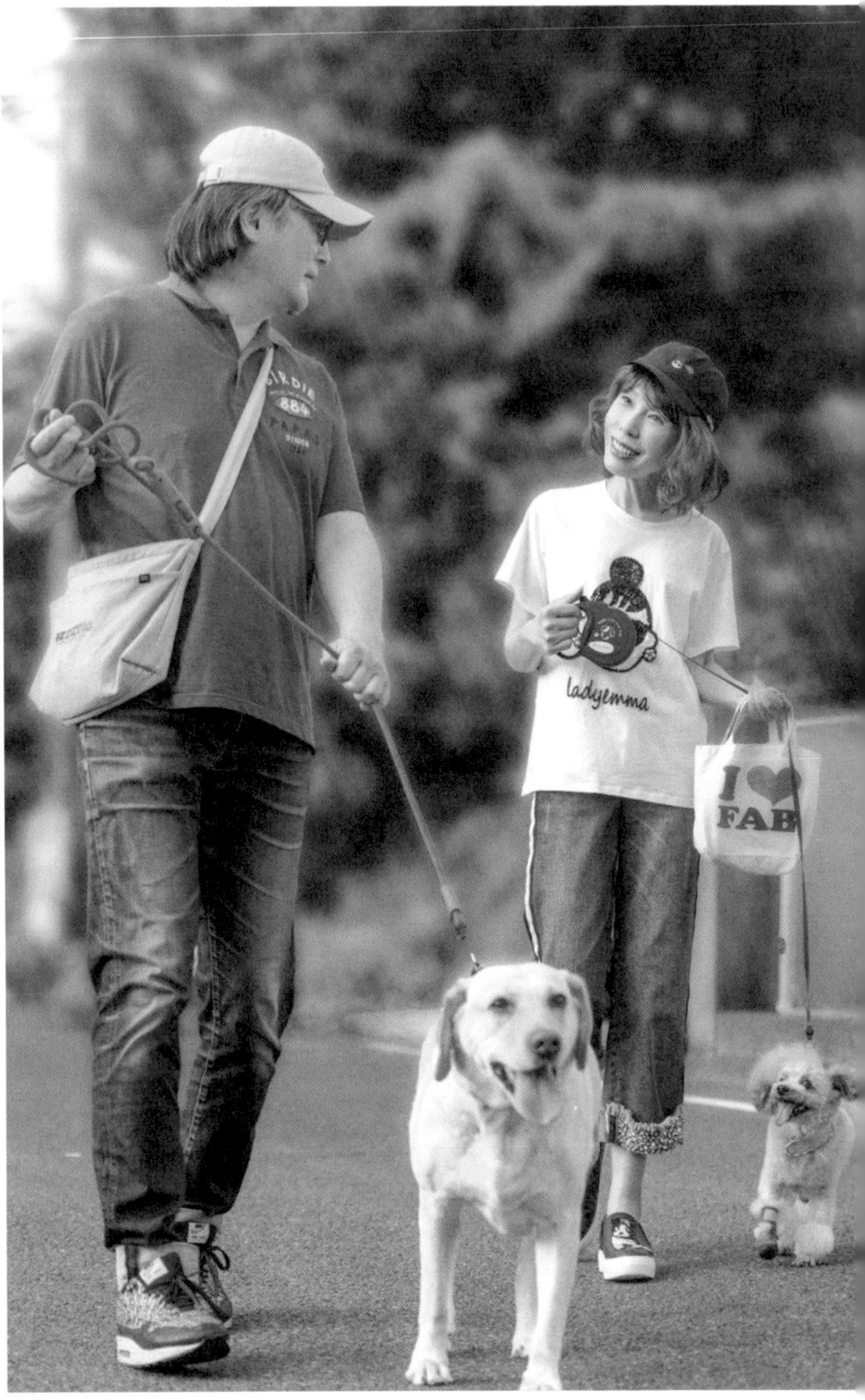

夫と一緒に愛犬たちとの散歩は気分転換にも。

ワンちゃんをお散歩に連れていくことは、マナーだと考えています。ワンちゃんはお散歩で匂いを嗅ぐことが、人間でいうと、例えばカラオケやクラブで楽しむことと同じ。言葉を話せないワンちゃんやネコちゃんなど、動物の立場に立って、気持ちを察してあげることこそマナーだと考えています。生き物の幸せにも責任を持って、一緒に生活できる自分であるよう精進します。

動物には好かれます（笑）

目を見てしっかりと会話をします。

13歳で天国に旅立った愛娘犬、ラブラドールのFAB。

ENGLISH ROSEがモチーフのティーセット。サロンにいらした方に楽しんでもらいます。

イギリス王室御用達「LAUNER London」の財布。ロンドン在住の友人が店頭に出向き、私の好みを伝えてオーダーしてくれたもの。名入りで世界にひとつしかない財布です。

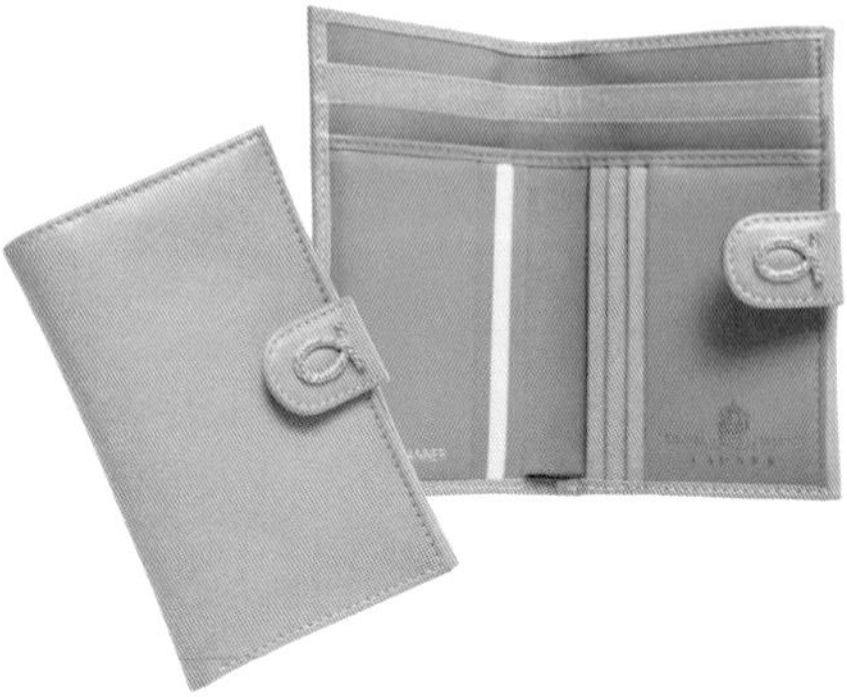

生徒さんが作ってくれたトレイに、セドナ土産のパワーストーンなど。

「ENGLISH ROSE」には「内面も外面も美しい最高の人」という意味もあります。私はイギリスから帰国後、男女関係なく、内面も外面も美しい人を育成する志をもって、東京・南青山に「ENGLISH ROSE HOUSE」という名のマナーサロンを開設しました。社名を「HIROKO ROSE」と名づけているのは、本名「博子」にもちなむ「博愛」の精神をもつ人が美しいという考えからです。サロンや自宅はバラのモチーフのもので囲まれています。「バラ色の人生を！」の環境づくりに役立ちます。

Part 4

大人の女性として押さえておきたい

マナーの基本スタイル

Manner

1

知っておくと安心 アフタヌーンティーのマナー

英国で生まれたアフタヌーンティーといえば、3段スタンドに豪華なスイーツやスコーンなどが飾られていると思いがちですが、実はこのスタイルは略式のもの。元来の正式なアフタヌーンティーは、メイドが大皿にサンドウィッチや焼き立てのスコーンをのせて運んできたものをひとつずつ取っていきます。サンドウィッチの種類やスイーツごとに紅茶の茶葉を変えるのも、アフタヌーンティーの本来の楽しみ方です。

乾杯の仕方

シャンパンを注いでもらう時はグラスを持ち上げません。サーブくださる方に「ありがとうございます」とお礼を言うのがマナー。乾杯はグラスを目の高さに掲げ、グラス同士を合わせない。繊細なグラスに傷をつけたり破損するのを防ぐため。

取る順番

スリーティアーズ（3段スタンド）は、上＝スイーツ、中＝スコーン、下＝サンドウィッチ。一番下のサンドウィッチから手で取り、自分のお皿に置きます。

スコーンの食べ方

1

2

3

1. スコーンを手で取り、上下に割ります。フォークとナイフがあれば使ってもOK。ナイフを横から切り入れ、2. ひと口大に割り、3. クリーム、ジャムをのせて食べます。クリームが先かジャムが先かは、地域によって異なります。

紅茶の飲み方

1. 角砂糖はスプーンにのせてお好みの量を調整。2. 混ぜる時は上下にゆっくりと動かします。3. ハンドル（取っ手）は、親指、人差し指、中指でつまむ。ハンドルに指を入れないのが正式。

スイーツの食べ方

1. スイーツも手で取ってOK。2. 手で取るのが難しいものはナイフとフォークを使って。3. ひとつを自分のお皿に取ったら、スイーツの左側からひと口大に切って食べます。

椅子に座るのは左側から。テーブルに身体が触れる位置に立ち、押してくれる椅子が自分の足についたら、ゆっくり腰を下ろしていきます。椅子を押してくださる方とのタイミングが大事。

Manner

2

美しい振る舞い

もともと猫背の私。意識しないと、なかなかいい姿勢をキープできません。テーブルマナーやエレガンスマナー講座での一番人気は椅子の立ち方、座り方。ドラマや映画のマナー指導でも俳優の皆さんに伝えます。見る人が「美しい」と感じる振る舞いも、相手の立場に立ったマナーなのです。

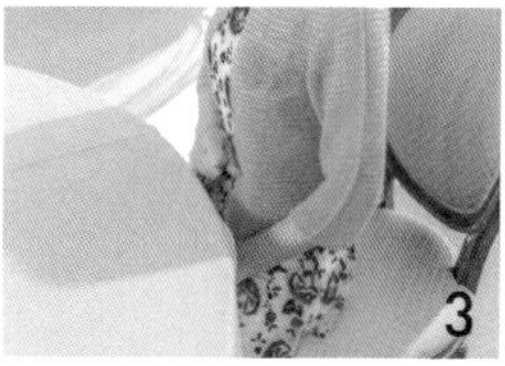

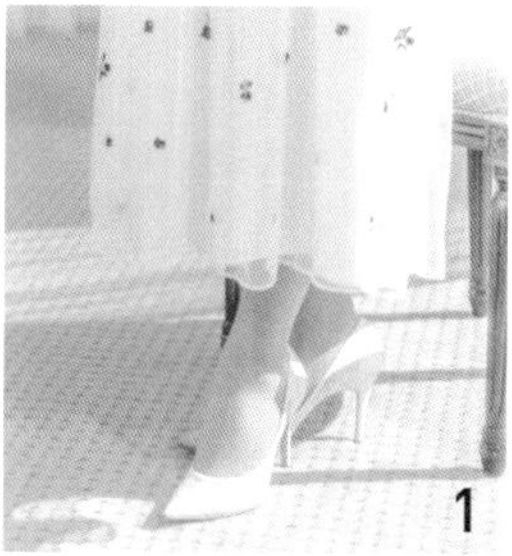

1. 右足を半歩ひき、左足のかかとに右足の土踏まずをつけます。2. そのまま上体を下ろし、半歩ひいた右足を元に戻して左足横に。3. テーブルと体は握りこぶしひとつ分の間隔がベスト。4. 座面半分の位置に腰を下ろします。

Manner

3

これがホントのテーブルマナー［洋食編］

セッティングされたナプキンを取るタイミングは、乾杯が済んでから、または主催者が手に取ってから。二つ折りにして、輪（山型）をおへそ側にして膝の上に置き、ナプキンの内側を使って口をぬぐうなどに使用。

ナプキンの使い方

中座する時は、椅子の座面にくしゃっと丸めておくのが正式。帰る時は、自分から見て右側にくしゃっと丸めておいて。ただし、違和感のある人は日本ではある程度、畳んでいてもOK。

テーブルマナーの基本は、同じテーブルで食事を共にする人はもちろんのこと、その空間にご縁ある皆さんと心地よく、食材含めて感謝し合いながら、美味しくいただくこと。

イギリスで生活している頃、お客さま側が感じよくお店の人に挨拶をする姿に感銘を受けました。お料理が運ばれるたびに「サンキュー」とお礼を言うのです。以来、私も模倣するように。すると、お店の方と良い関係を築けると同時に、一緒に食べている人たちからの評価もアップ。信頼を築く人間関係は食事中からも生まれるのです。

カトラリー

一般的にナイフは右、フォークは左に持ちます（左利きの人は逆でもOK)。ナイフもフォークも、人差し指で上から押さえて使いますが、お魚料理の時のナイフの持ち方はその限りではありません。

食べ方

お料理の左端から、ひと口で食べられるように切ります。最初からすべて切ってしまうことはせず、食べる時に、ひと口分ずつ分けて切っていくのが基本。

スープの食べ方

丸い形状のスプーンの時は、横から口へ。細長いスプーンの時は、先端から。すくい方は、イギリス式では手前から奥へ、フランス式では奥から手前へ。横からはNG。

食事休み

（右から）イギリス式は、ナイフの上にフォークをクロス（あなたを傷つけませんという意）。フランス式は、お皿の中でハの字に。アメリカ式は、持ち手の部分はテーブルに。

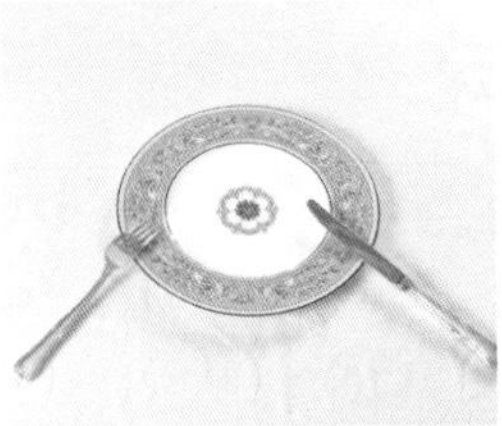

食事終わり

イギリス式は、6時の位置（右からでも左からでもお皿を持ちやすい）。フランス式は、4時の位置。アメリカ式は、3時の位置。いずれの場合も、ナイフの刃は、必ず内側に！

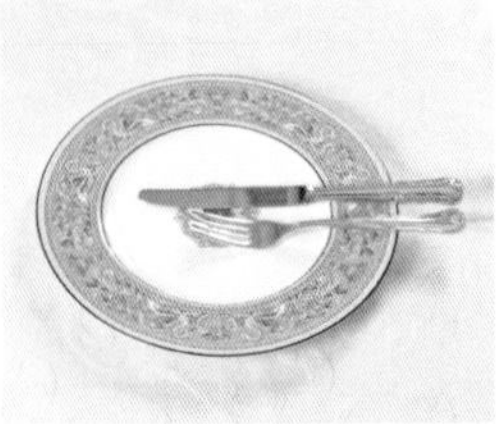

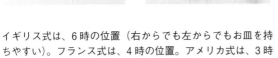

Manner

4

和室での振る舞いと和食の食べ方

日本には多様で豊かな自然があり、多彩な食文化も育まれてきました。相手の立場に立つ気持ちを私はマナーとして伝えていますが、その相手には自然なども含まれます。「自然を尊ぶ」日本人の気質に基づいた和室での立ち居振る舞いや和食の食べ方などを知ることで、マナーの本質をいっそう理解することができます。それは、豊かな心を育み、心も表情も微笑む毎日の生活につながります。

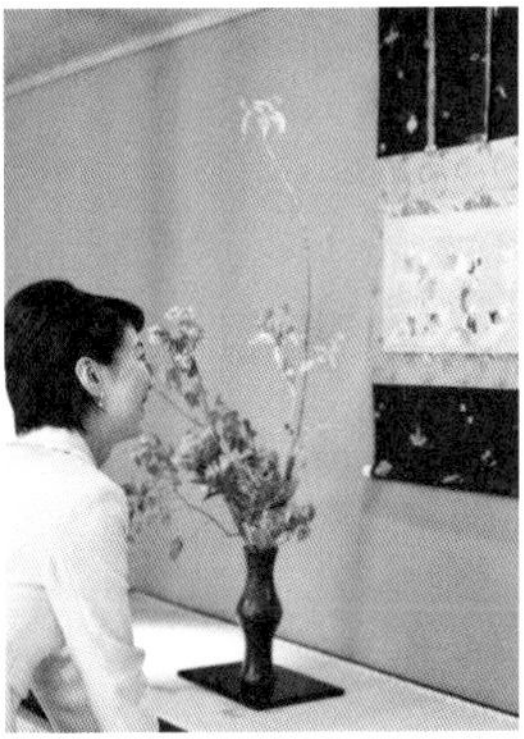

和室に入ったら、床の間の掛け軸などを愛でます。

挨拶の仕方

1. 座布団の手前に正座します。

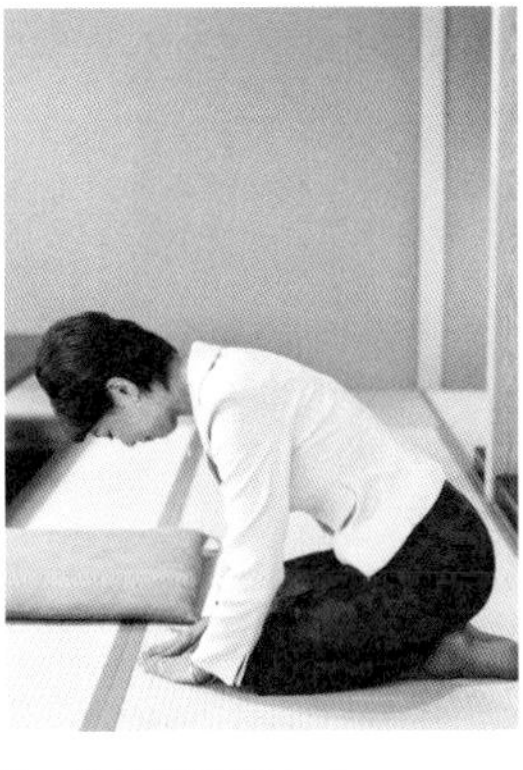

2. 畳の縁に触れないように座礼。

座布団の上がり方

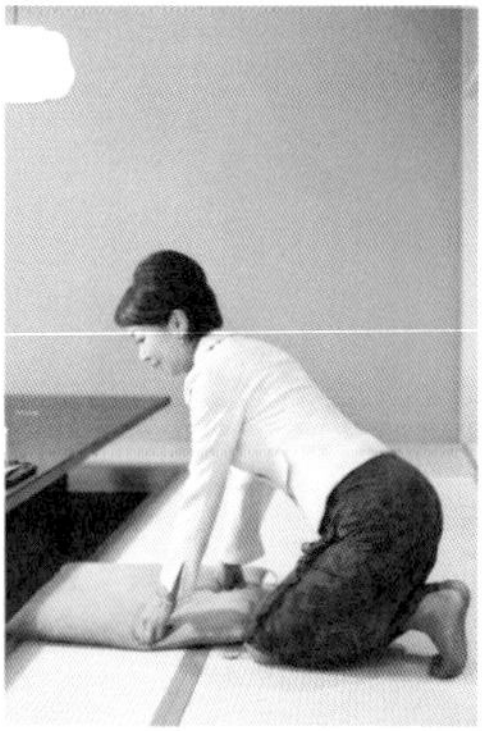

1. 座布団に両手をつきます。

2. にじって、ひざをのせます。

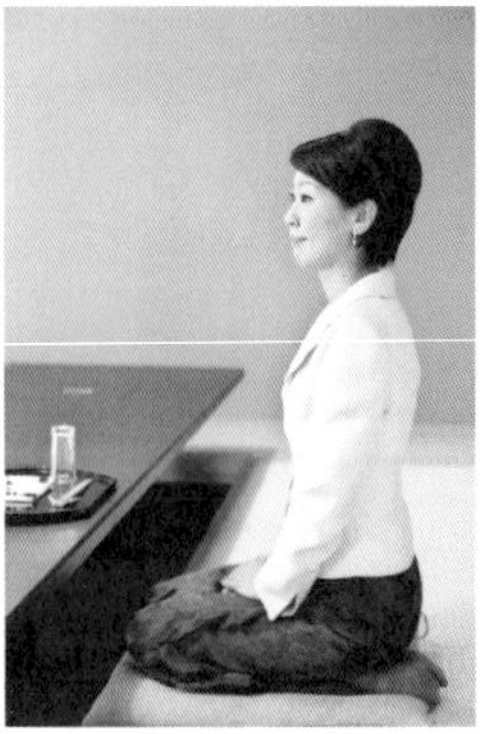

3. もう1度、座布団に両手をつき、にじって正座します。

お椀やお皿を持っている時のお箸の持ち方

1. 右利きの人は左手にお椀やお皿を持ち、右手でお箸を上から持ち上げます（左利きの人はすべて逆）。

2. お箸の中央あたりを左手の中指と薬指（薬指と小指）の間にはさみ、右手を右端に滑らせ、下から持ちます（左利きの人はすべて逆）。

取り皿のマナー

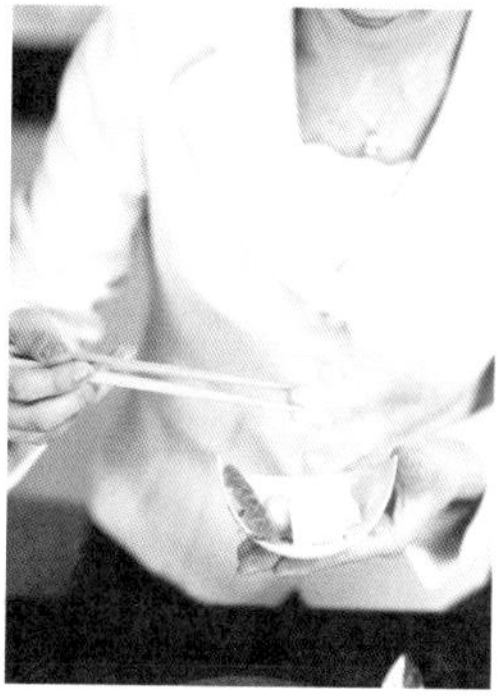

（右）手に持てるお皿は持つ。手皿はＮＧ。
（中）こぼさないように醤油皿を持ってＯＫ。
（左）小皿の代わりに懐紙を使っても。

懐紙3つの活用法

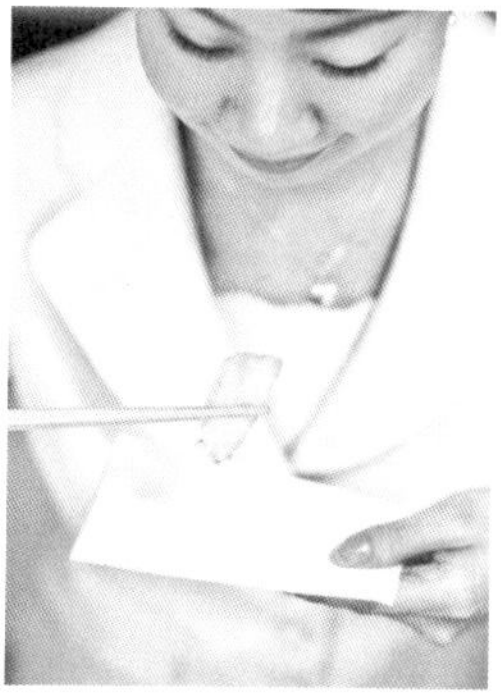

小皿代わりに。

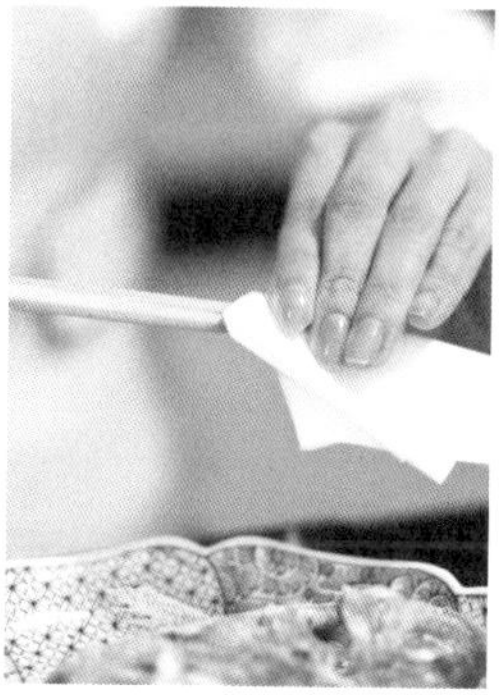

お箸清めに。

食べ残しなどを隠せます。

食材や作り手の方に
感謝して、
ありがたくいただくことが
一番です♪

懐紙のワザ

硫酸紙を懐紙にはさむと水滴をはじいてくれて安心です。

喪に服するモーニングジュエリーといえば、ジェット（黒玉）。ヴィクトリア女王がつけたことから英王室では慣例化しました。

Manner

5

いざという時に困らない慶弔のマナー

還暦も近くなると、友人や家族、親戚、取引先、自社のスタッフなどの結婚式や葬式に参列する機会が年々増えていきます。型に縛られるのが苦手な私はこのような場面でも、しきたりや一般的なマナー本に書かれてあることから外れた行動をとってきましたが、それは互いに理解、信頼し合う関係だからこそ可能なものです。

秘書の結婚時（披露宴とは別）の祝儀袋に「11220縁」と書いて、その数字どおりのお金を入れて渡したことも。「いい（11）

私のアイデアを形にしてくれるハッピー水引作家の梅崎照美先生と。慶弔のシーンで使える水引アクセサリーを世界に広めています。

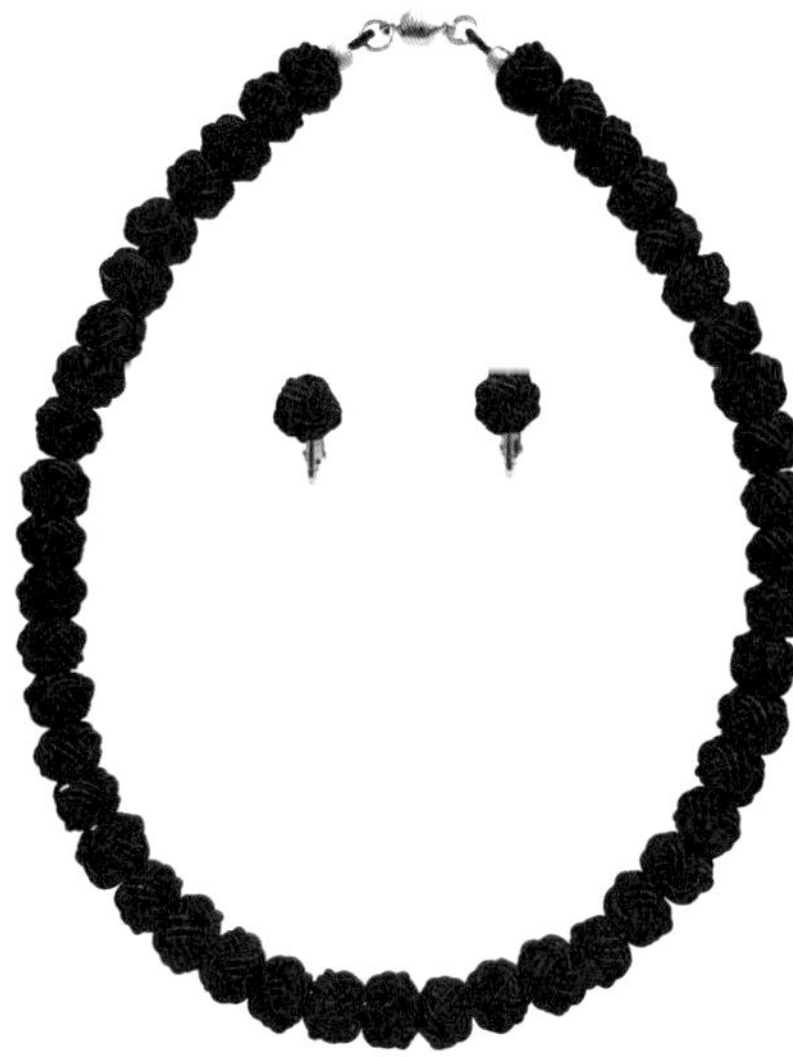

水引で作ったものも。

夫婦（22）」を数字で表現したいと思ったからです。

慶事と弔事では最低限これだけは押さえておこうと思うことがあります。本人同士は型にこだわらなくても、そのお相手やご家族などにも影響するからです。

慶事の祝儀袋には折り目のない新札を、弔事には新札に折り目をつけて不祝儀袋に入れています。

ふくさ

お渡しする袋を汚さないためにも、ふくさは必須アイテム。入れる向きは、慶事ならご祝儀袋を右開きで取り出すように、弔事なら香典袋を左開きで取り出すようにして包みます。

数珠入れ

数珠には分身、厄除け、お守りといった意味があり、傷つけないためにも数珠入れを活用しましょう。

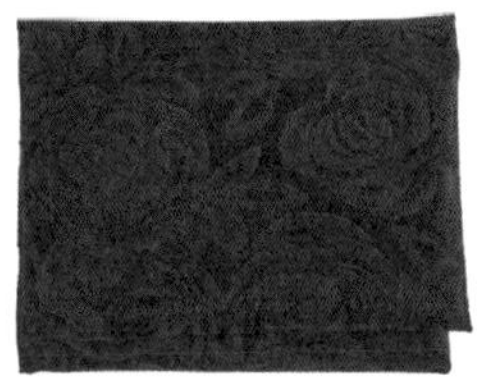

バラの柄が施されたティッシュ入れ付き数珠入れ（HIROK♡STYLE）。

バッグと靴

通夜と葬儀・告別式でバッグを変えても

バッグと靴は革製品ではなく共布にしています（上の数珠入れも共布です）。

Part 5

私がどうしても伝えたい

マナーの本質、マナーの心

01

マナーの大前提は、相手を思う気持ち、心。それを言葉や行動で表していくことです。

成功も幸せもマナーあってこそ!

「マナー」と聞くと、日本では決められた「所作」だと思われていらっしゃる人が多いようです。もちろんそれも含まれますが、その前提にあるのは、相手に対する気持ち、心。少なくとも、私はそう思っています。

そして、相手の立場に立って、相手が喜んだり、心地よくなることを想像したり、察したりしながら、それを言葉や行動で表していくこと。

時にはそれが的外れであったりすることもあるかもしれません。それによって、恥ずかしい思いをしたり、落ち込むこともあるかもしれませんね。でも、そうして相手の立場に立ってみて、思いやりのある言動にチャレンジすると、「マナー通帳」に入金されたこととなり、その後の人生において想定外のプラスが利息としてついてきます。

私は、マナーを伝える人になろうと決めた21歳のその日から、相手の立場に立って思いやりを持って生活することを意識した結果、1年に最低1回は思いもよらない大きな利息、すなわち天からのギフトを受け取っています。それは、お仕事のことであったり、プライベートのことであったり。本当にありがたいな、と思うと同時に、マナーの力の凄さを感じています。

02

マナーに欠かせないTPPO

TPOという有名な造語があります。私はこれにPを2つ増量して「TPPO」と言っています。マナーには、このTPPOは不可欠です。どんな時に（Time）、どんな場所で（Place）、どんな人や相手と（Person）、どんな立場で（Position）、どのような場合か（Occasion）によって、服装や言葉づかいなどの対応は変わるからです。

例えば「結婚式に参列する時の服装」といっても、新郎新婦の親としてという立場と、友人として参列する時とでは、服装は異なりますよね。親であれば第一礼装を着用し、友人であれば略礼装のほうがいい場合もあります。

真のマナーには〝決めつけ〟や〝強制〟はありません。マナーは本来、相手に応じて自由なんです。そこにTPPOを加味し、シチュエーション設定を明確にすることで、ようやく、こういう時にはこれがいいんじゃない？　というひとつの答えが出てくるんですね。私は職業柄、「こういう時はどうすればいいのですか？」と質問を受けることがよくありますが、私は必ずTPPOを確認

相手や場所によって、ふさわしいマナーは変わってきます。答えは変わるのです。20年間の絆、信頼のパートナー、吉村まどかさんと。

したうえで、「それであれば」と言って、そのシチュエーション限定でお答えをしています。ですから、私の伝えるマナーの型の答えは、その人のTPPOに応じて、いくつもの答えがあるわけです。TPPOに応じて、答え（型）は変わるのが本来のマナーです。

中国での出版や上海講演をプロデュースくださった、公私共に20年の友・似鳥陽子さんと。

03

マナーに正解はありません

テレビ番組などのメディアに出演する時の多くは、マナーのクイズ問題と答えを番組ディレクターなど制作担当者のみなさんと創り上げていきます。そういう時には決まって、正解、不正解のマルバツでマナーを伝えていくことが多いのですが、私がいつもお伝えすることは、マナーには正解も不正解もない、ということです。なぜならば、前述のとおり、マナーは相手の立場に立つことであり、相手がどう思うかで、それがマルになったり、バツになったりするからです。

ここに、マルバツで言い切ることのできる決められた型となる「所作」と、マナーに通じる「礼儀」との違いがあると思っています。

NHK大河ドラマでも、所作指導者とマナー指導者が存在します。

所作指導者は、絶対的に決められた所作をお伝えしますが、マナー指導者は基本の所作を監督にお伝えしたうえで、そのシーンにおけるTPPOを明確にし、さらにはその人物の心情までを考慮して、どのような所作が適切かを話し合い、最終的にそれを役者の方へお伝えしていきます。ですから、時に、型破りな所作もあるわけです。しかし、基本の型を知ったうえでの型崩しは美しく、作品の質を上げることにつながっています。

○×で言い切れる「所作」より、マナーは、相手のことを考える「礼儀」に近いと言えます。上海でのメイク＆マナー・ファッション講座にて。

04

良縁を築くための7つの基本マナー

良縁とは、人生のパートナーもあれば、ビジネスパートナーや出会う仕事やクライアント、お客様、師弟（妹）、お友達などとの関係もありますね。

結婚に至るには、出会った時の第一印象と、次につながるための第二印象が重要です。

ブライダルエステの専門家・百次亜紀子先生と、沖縄の結婚式場で婚活マナーレッスン。

私の婚活講座には20代から60代まで幅広い年代の方々がいらっしゃいますが、私の婚活指導は、結婚をゴールにしていません。大事なことは、結婚後に幸せになるかどうかだと思っています。そのためにはお互いにマナーの心を持って生活することが大切です。

まずは、第一印象として、良い表情にスマートな対応、態度ができること。そして、基本的な挨拶や身だしなみがポイントとなります。続いて、言葉遣いや、感じのいい「はい」という返事、名前を呼びながらコミュニケーションをとるかどうかなどの第二印象で、それが次にまた会いたいと思われるかにつながります。

私が31歳の時に、英語もろくに話せないなか、単身、イギリスのオックスフォードに行き、そこで当時、オックスフォード大学大学院生で遺伝子学の研究者と出会い、その後、ビジネスパートナーとなり起業をするきっかけになったのは、私の表情が要因でした。その後私は、先に挙げた「表情」「態度」「挨拶」「身だしなみ」「言葉遣い」「返事」「名前を呼ぶ」の7つを成功と幸せを呼ぶ「マナー七福神」として伝えてきています。

05

品格は思いやりの言葉から

どんなにきれいな服装やヘアメイクで着飾っても、階級社会のイギリスでは、発する言葉や発音からその人の品格を計り知ることができると言われています。

日本では「言霊《ことだま》」という言葉があるように、言葉は大事だということを多くの人がご存知でしょう。そのようななか、相手の立場に立っていないSNSなどでの誹謗中傷や炎上で飛び交う言葉は、人の命を奪うことにもつながっています。言葉は一歩間違えると凶器になるのです。これは、職場や家庭、オンラインを含むコミュニティや友人関係でも同様です。

マナーとは、相手の立場に立って、まずは相手にハッピーを贈るもの。幸せになりたいのなら、前触れもなく相手を攻撃したり、意図的にダメージを与えるような言葉は使わないことです。自ら発する言動は形を変えて自分に返ってくるものですから。言葉にも相手への思いやりを込め、マナーをもって発していきたいですね。

06

幸せは言葉の身だしなみから

言葉といえば、近年気になるのは、何にでも「お」をつけることです。「紅茶」を「お紅茶」、「リボン」を「おリボン」など。「お」をつけることで上品だとか、育ちがいいと思われたいなどの心情になるのかもしれませんが、真の品格とは、外面を取り繕うことではありません。相手を思えばこそ、心の底から湧き出る言葉。それが方言であっても構いません。品性とは、相手を慮《おもんぱか》る内面から自然に表れるものではないのかな、と思うのです。

無理をして外面を取り繕うと、自然体ではなくなり、自分らしさが失われ、疲れ果てて長続きしないものです。相手への配慮から違和感のない言葉を、心を込めて相手に伝えることで、良好な関係が築けていけると思います。とはいえ、言葉はそれを知らないと使うことができません。

言葉の身だしなみを整えることも幸せへの第一歩だと感じます。言葉を発する発声は、ボイストレーナーで話し方マナー講師の山崎聡子先生に学んでいます。

07

マナーなくして売り上げや収入アップは成らず

ビジネスにおいては、関わるすべてにプラスをもたらすことを考え、行い続けることです。

マナーは相手の立場に立つこと。ゆえにビジネスにおけるマナーは、お金を支払うクライアントの立場に立って、そのご要望をうかがい、それを満たすことで対価をいただけるという考え方が基本です。ところが、研修では受講生も相手です。彼らとクライアントの要望は決してイコールでない場合も多く、板ばさみとなって悩んだ時期もありました。そこで私は、クライアントも受講者も私たちも

長年師事してくれているマナーコーチの阿部真悟さん。企業研修や映画、ドラマのマナー指導でも活躍中の 頼もしい存在です。立派に成長してくれてありがとう。

関係者全員がハッピーになる研修を行うにはどうすればいいのだろうかと常に模索し、さまざまな研修スタイルをそのクライアントに合うようアレンジするようにしました。

ビジネスは、「三方、四方、五方よし！」であることがマナーだと思うのです。五方とは「お客様・取引先」「自分の会社・自分」「社会」「自然」「天・ご先祖さま」。これは、名刺交換の仕方や、お辞儀の仕方などの型よりも大切なことです。なぜならば、ビジネスマナーは、収益を生み出すためにあるからです。型どおりの美しいお辞儀や名刺交換をすれば売り上げや収入がアップするならば、完璧な型を身につけている人はみんなそうなっているはず。でも実際はそうではありません。会社の売り上げや自分の収入をアップしたいと思うのなら、まずは相手の立場に立つ、というマナーが必須なんです。そして、相手だけでなく、関わるすべてにプラスをもたらすことを考え、それを地道に行い続けることで、評価をしてくれる人が現れます。自分では気づかなくても、一所懸命、相手の立場に立つ心を忘れずに愚直に努力しているのを誰かが見てくれているのです。

08

人財を育てるためにもマナーを伝えています

AIもそれを製作するのは「人」です。人の力って本当に凄いな、と感じます。私の研修やコンサルティングは、常にそのクライアントの目指す結果を実現させることをマナーとしていますから、どの企業にも同じ研修を行うということはありません。100社あれば、100通りの研修スタイルをその企業のために行います。その会社のための、その会社のみなさまのための唯一無二のオリジナル研修をご提供しています。自分のためだけを考えて行ってくれるって、嬉しいと思わないはずがありません。

一流の人、一流の会社とは、他の人や会社が行っていないオンリーワンの商品やサービスを提供することだと思っています。大リーグ

100社あれば100通りのスタイルを考え、唯一無二のオリジナル研修を提供しています。

で大活躍の大谷翔平選手も、二刀流という他の人がなし得ないことを行っていますよね。そのために必要なことは「考える」という作業です。相手の立場に立って考える。どうすれば相手の希望を実現できるのか、喜んでいただけるのか、結果を出せるのか、と考える。これらを実際に行うことで、オンリーワンの商品、サービスをご提供でき、結果がついてくるわけです。そうして評価されて、「次回もお願いします」と信頼を勝ち得て、リピート、売り上げへとつながっていくのです。会社にとってプラス、財を生み出す人財には、「考動力」と「行動力」という2つのコウドウリョクが身についています。

27歳で独立以来、約30年間。私はマナーを伝える人として、企業の人財を育成するために、クライアントの立場に立ったオンリーワンのサービスを提供し続けています。

お取引先や受講生の方々からたくさんのお声をいただきました

洋食マナー講座に参加された方々と。私の講座への参加をきっかけに、ビジネスや結婚につながるなど、たくさんのご縁が生まれています。

ひろ子先生に実際にお会いする前、とても緊張していたのですが、笑顔で優しく迎えてくださり気持ちが和らぎました。オンラインもリアルも全く変わらない素敵な方だと思いました。先生と出会ってから良いことが次々に舞い込んできています。いつも元気をくださり、気にかけていただけていることに感謝でいっぱいです。

一般企業総務人事部勤務兼
マヤ暦アドバイザー 村松詠美子さん

ひろ子先生との出会いは、Facebookのライブでした。コロナが流行し仕事も暇になり、ふと、このままでいいのかなと自分探しをしていた時に、品があるのに気どっていない、面白くてとてもチャーミングなこの女性は誰？　それがひろ子先生でした。この方とぜひともお知り合いになりたい！　と、ひろ子先生のビジネスマナー講師養成講座を受講し、仕事にも活かそうと思いました。

最初は、「マナーは型」で、名刺交換の仕方や部屋の入り方などの「型」を学ぶ講座だと思っておりましたが、実際はそうではなく、一緒に受講している人たちと相談しながら自分たちで考え、「マナーとは何か」を体感しな

金融機関勤務 後藤加菜さん

ひろ子先生の講義はそれまで受けたマナー講義の内容とは異なり、心に響く感動と生き方を教えてくださるものでした。加えて、ひろ子先生は、とってもチャーミングなお方であることにも感激しました！ 不妊治療で悩んでいた私の相談に親身かつ即座に笑顔でアドバイスくださいました。それから6か月後、念願の新しい生命を授かったのです！　ひろ子先生とお話しできたことで、内面にあった要らぬブロックとストレスを取り除くことができた結果だと思っています。ひろ子先生は単なるマナーの先生を超えた、人を幸せに導くために本音でお話しくださる人生の師でもあります。

ウェルネス・ビューティーコンシェルジュ
余部裕美さん

マナーは礼儀作法や所作と思っていました。ひろ子先生の講座を受講してマナーは「相手の立場に立つ気持ち・心」だと学び、相手は、人だけでなく動物・植物・鉱物など自然界すべてと知り驚きました。「マナーの本質を知ると人生が変わる」自然界すべてに対する愛・思いやりがあるからなのだ思いました。

た。個々人の良い点を引き立て、同時に悩みや困難にも共感し、サポートしてくださいました。彼女の人間性が、彼女自身が教えるマナーの核心であることを示していました。

ひろ子先生の提唱するウェルネスマナーは、還暦からでも健康な人生、生涯現役をお助けすることを使命とし、活動する私に勇気を与えるものでもあります。

サロン経営・マナー講師
アモール麻紀さん

西出ひろ子先生の、オンライン・ビジネスマナー認定講師養成講座を受講させていただきました。初回は少し緊張していましたが、画面いっぱいの愛あふれる笑顔と、一人一人を大切にされる真心に、一瞬で心が温かくなり、先生のファンになりました。講義は、具体的なやり取りや、マナーの真髄であるマインドなど、大切なことを余すところなく教えてくださいました。講座終了後も気にかけてくださり、一緒にお仕事をさせていただいたりと、ひろ子先生は人生の大恩人です。本当にどこを切り取っても、100%真心マナーの実践者です。

Canva 画像クリエイター
田島奈々美さん

「私と携わった人には、みんな幸せになってほしい」ひろ子先生のマナー講座はその想いにあふれ、型や所作だけを伝える講座とは一線を画します。ご自身がイギリスで学び､体験･体感したマナーの本質を伝授すると共に、少人数開催にこだわり、受講生一人一人と言葉を交わしてニーズをキャッチし、必要なことを伝えてくださいます。

常にエレガントで凛とした佇まいのひろ子先生ですが、その半生を伺うと計り知れない難局をいくつも乗り越えてきています。そのマインドに触れて、人生観が変わる方も多くいることでしょう。私も講座を受講し、相手を想うこと、そして自分自身も大切にするWINWINのマナーマインドに感銘を受けた一人です。

がら、みんなと一緒に作り上げ、しっかりと身につく講座だったのです。

ひろ子先生は常に「相手の立場に立つ」ことがマナーの真髄であり、それは「型」ではなく「心」であることを教えてくださいました。

実際の企業研修にも同行させていただく機会をくださり、企業の受講者たちの意識がみるみるうちに変わり、「相手の立場に立って接すること」を理解し、表情も態度も言葉遣いも変わっている様を目の当たりにしました。これが「西出ひろ子マジックなのだ！」と実感しました。

月に一度、ひろ子先生のオンラインサロンでお会いするのが楽しみです。

自分ご褒美トレーナー　石川千春さん

ひろ子先生をひと言で表すと「愛」に尽きます。マナー界のカリスマと呼ばれ、雲の上の存在のような方でありながら、本当に気さくで誰に対しても同じ目線で、常に愛にあふれた姿勢で接してくださるひろ子先生。そして、お茶目でチャーミングな可愛らしさもある、とても魅力的なひろ子先生は、私の目指すロールモデルです。

講義はとにかく楽しく、時にお腹を抱えて笑ってしまうほどですが、ここぞというポイントではピリッとした緊張感をもって伝えてくださったりと、メリハリがきいていて飽きることがありません。様々なマナー講座を受けましたが、ひろ子先生の講義は他では教わらない視点からの学びが多い、唯一無二の講義です。

健康増進・活力向上の専門家
田中ひろあきさん

西出ひろ子先生のビジネスマナー講師養成講座は、印象的で心温まるものでした。単なるルールや作法だけでなく、他人への思いやりや共感の大切さを強調する先生の言葉は、単にマナーを学ぶだけでなく、自己啓発と人間関係の向上につながるものでした。

実際にひろ子先生の企業研修に同行させてもらい、その温かさと思いやりに感動しまし

るのでびっくりです。また、ある病の手術予定だったところ、ひろ子先生からご紹介いただいた治療院に通った結果、手術をせずに済みました。ひろ子先生は命の恩人でもあります。こんなマナーの先生は他にはいませんね。

元大手航空会社 CA・プレシャスライフナビゲーター 宇土泉さん

マナー講座というと、型や手法は教えてもらえますが、それが結果として成果を出せないのが実情です。そんな中、ひろ子先生の講座は目からうろこ。マナーの本質に重きをおき、いかに結果を出し成果へとつなげるかを重視した実践重視型です。講座では、受講生を飽きさせず集中力を保ちつつ、一人一人の個性を活かし、自発的な実践へ導くための手法を惜しみなく伝授してくださいました。即結果へとつながるからこそ他の講座とは全く違う。ひろ子先生の講座は唯一無二だと言われる所以を実感いたしました。

徳島からマナーコンサルタント養成講座を受講するために上京。ドラマのマナー指導などのほかマナー本なども出版し、現在、徳島の大学で講師を務める川道映里さんと。教え子の活躍は嬉しいものです。

ハッピーライフマナー講師 山本倫江さん

「みっちゃん、元気？」ひろ子先生のマナー講座は受講者全員に声をかけることから始まり、誰一人置いてきぼりにしないという愛を感じます。講座中の迫力には後ずさりしたくなる時もありますが、ご自身の失敗談もお話ししてくださるチャーミングな一面もあり、親しみやすく元気をもらっています。ひろ子先生は、マナーとは「相手の立場に立つ」こと、マナーのあるコミュニケーションでお互いがハッピーになれると言います。愛と元気を与えてくださるひろ子先生は、私のサプリメントです。

国立音楽院　代表取締役 新納智保さん

西出先生のマナーコンサルティングは、単に所作を教えるのではなく、「なぜそうするのか？」をわかりやすく説明くださるので、スタッフたちも構えることなく、素直にそれを聞き入れることができるため、ご指導いただいた直後から、一人一人が劇的に変化したことに驚きました。毎回、私どもの現状を理解したうえで、その改善策を瞬時にアドバイスくださる点もありがたく思っております。学生の就活、面接の仕方についてもとても親身になって対応くださいます。必要あれば、厳しく、マナー以前の、人としてどうあるべきかまで教えていただける西出先生の研修、コンサルティングは、唯一無二の「デキる人を育てる人財育成」です。

金融機関　管理監督職　國枝菊江さん

14年前、ひろ子先生に初めてお会いした時、講座終了後に私の悩みを遅くまで親身に聞いてくださり、裏表のない率直なアドバイスをいただきました。その後、ひろ子先生のおっしゃるとおりにしたら、会社での役職がどんどん上がり、女性初の支店長にもなり、給与もアップしました。その後もずっとひろ子先生からご指導いただいていますが、ひろ子先生のおっしゃることはいつもそのとおりにな

Part 6

ウェルネスマナーをライフワークに

私スタイルの
悔いなき人生

01

私がマナーを大切にする理由

よく動物園に連れていってもらいました。帽子とワンピースは母の手作りです。

私は九州の大分県別府市にある九州大学温泉治療学研究所（現・九州大学病院別府病院）で生まれました。だからでしょうか、今でも温泉が大好きです。両親と5歳離れた弟の4人家族。私が18歳の時に父の浮気が発覚したことから、両親は離婚。当時東京の大学に通っていた私は、休みになると即帰省し、両親の仲をとり持とうと必死でした。しかし、聞こえてくる言葉は、互いを非難罵倒するばかり。私は子どもながらに「美しくない人たちだな」と思いました。そして21歳の時に「人の美しさって何だろう？」と考えました。そ

笑顔で父の顔に手をまわして。父のこと大好きなんですね。

（右）ひな壇の前で手を組んでいるのは母の指導。
（下）七五三に動物のぬいぐるみを大切に持って。

の答えは自分とすべて同じ考えの人なんてこの世にはいないのだから、まずは相手の立場に立ってみて、相手のことを理解できなくても、受け入れられなくても、受けとめてあげる優しさ、心のある人が、人として美しいのではないか。そして私はそれこそが「マナー」だと思ったのです。

私が23歳の時に両親は正式に離婚しました。離婚自体はいいのです。父も母もそれで幸せになるのであれば。ところが、私が29歳の時に父は自ら命を絶ち、母は今どこにいるのかわかりません。そして可愛い弟も父と同じ亡くなり方をしました。

私は私の実家のような家族、人をこれ以上増やしてはいけない、このような悲劇は決して起きてはいけないと強く思いました。マナーを大切に、お互いがお互いの立場に立って思いやりを持って接すれば、トラブルのない家族、職場、社会、世界になると信じて、それを伝える人になりたいと思ったのです。

02

マナーに「育ち」も「親ガチャ」も関係ない

前項のとおり、私がマナーを伝える理由は、実家の家族に起因しています。私が20代の頃、今から30年前くらいは、両親が離婚している家庭は今よりも少なく、ましてや自ら命を絶った家族がいる私は、どこかに引け目を感じながら生きていたように思います。そんな私の救いは、みんなが幸せになるマナーを伝えて、平和な社会になることを使命とし、硬く冷たくなった父に約束した「日本一のマナー講師になる」という誓いを実現するために後先考えずに邁進したことです。

生きる過程でキーパーソンと出会えるか、自己実現達成のためのマナー力が試されます。

マナー講師といえば、元ＣＡの方が多い世界ですが、そんなバックグラウンドも後ろ盾もない私は、無償でいいから心からのマナーを伝える機会をいただければ、講演やメディアに出演してきました。それを「目立ちたがり屋」と思う人もいたでしょう。しかし私は何を言われようとも、「マナーは型ではなく、互いに思いやり、お互いにハッピーになるためにある」ということを伝えるために活動をしてきました。その結果、名だたる企業３００社以上の研修やコンサルティング、書籍は国内外で１００冊以上、著書および監修書累計１００万部以上、テレビや新聞雑誌などのメディアに８００本以上の出演という実績を残させていただいています。

「人生は白地図に自分で道を描いていくもの」――これは亡き父の言葉です。どんな環境で育っても、すべては自分しだい。自分の道は自分で拓いていくものだと思うのです。育ちがどうだの、親がどうこうなんて関係ないんです。大切なことは、生きる過程で応援や協力をしてもらえるキーパーソンと出会えるかどうか。そこに自己実現を達成できるマナー力が試されるのだと感じます。

03

自ら選択して「エレガンス」に生きる

「エレガンス」と聞くと素敵なドレスを着て優雅に振る舞い、上品に「ごきげんよう」などと挨拶をする人を思い浮かべる人も多いでしょう。そして、「私には無関係だわ」と思う人も少なくないはずです。「エレガンス」は「優雅」「上品」という名詞ですが、エレガンスの語源を調べてみると、ラテン語の「elire」。「選ぶ」という意味があるのです。すなわち、エレガンスな人というのは、自分で取捨選択、右か左か、進むか退くかなどを自分で選んでいける人。そういう人が「上品」で「優雅」であるということなのです。

今までは、マナーというと決められた型だと思い、言われるがままにそれを行っていた人も多いでしょう。しかし、本来のマナーはTPPOに応じて臨機応変に変わるものですから、何をどうするかは、都度自分で考え、幾通りもあるマナーの型から、自分でど

マイナスなことが起こった時に自分を思いやって、エレガンスに生きることもマナーです。

うするのかを選択していくことです。そういうマナーを身につけている人だからこそ「上品」で「優雅」だと思われるのでしょう。ですから、エレガンスな人は、内面からにじみ出る品の良さを醸し出します。マナーはその人の生き様を表すのです。

生きていれば、つらいこと、悔しいこと、さまざま思いをすることもあるでしょう。でもそういう時に、「こうなったのは、◯◯のせいだ」と誰かのせいにして、その相手に矛先を向けるのは美しくありません。最終的には自分で選択し、決め、行っているはず。マイナスに思うことが起きたとしても、誰のせいにすることなく、自らの選択からきた結果だと認めることは、自己肯定感にもつながります。自分の立場に立って、自分を思いやることもまたマナーです。これからも自分を信じて、エレガンスな生き方をしたいと思います。

04

私が選択した新しい道「ウェルネスマナー」

マナーを通して、なりたい自分、より良い人生を実現できるようになることを目指しています。

3日間連続で完全徹夜の仕事をしてもなんら支障のなかった私ですが、さすがに55歳くらいからは一晩の徹夜でもしんどくなったことを実感し、ようやく私も「歳をとったなぁ」と自覚しました。私がそれを素直に認められるようになったのは、韓国の歴史ドラマ『トンイ』や『善徳《ソンドク》女王』をはじめ、中国のドラマ『燕雲台《えんうんだい》』『大宋宮《だいそうぐう》詞《り》』などに影響されています。これらはさまざまな苦難を乗り越え波乱の人生を送った皇后や女王、淑嬪《しゅくひん》の若かりし頃から晩年までの生き様を見事に描いており、晩年の仕事（政務）や地位、自分の使命、天命と向き合う姿に、これからの私自身のあり方を考える、いい意味でのきっかけとなりました。もともと私は、一日中行う企業研修からは40代で引退し、後進にそれを引き継ぐ予定で準備をしていました。10年ほど遅れはしましたが、前述のドラマも影響し、ようやく55歳からは、企業研修は弊社に所属している講師たちへシフトしています。これは私にも講師の方々にとってもプラスで、ウイン×ウイン、ハッピー×ハッピーの関係です。

そして私は、ビジネスマナーやテーブルマナー、エレガンスマナーといったマナーの定番を超えて、本来目指していた、お互いに思いやり、より良い人生、自己実現を行うことを目的とする生き方、ライフスタイルにシフトし、「ウェルネスマナー」ともいえる活動に時間を割くようになりました。ウェルネスマナーは、マナーを土台とし、「健康」「美容」「お金」を生み出すことで、なりたい自分、より良い人生を実現させる生き方のこと。これは地方や海外の受講生の方のためにも、そして自宅でできる仕事として私自身のためにも、オンラインスクール『11FABアカデミー』で伝えています。

05

SNSでSOSの投稿を見て保護したROY。一緒に幸せに生きようと選択し、今では愛おしい家族の一員に。

ご先祖様、家族への感謝と愛

父の突然の死から私が学んだことは、「明日でいいか」はしない。今日できることは今日やる。感謝やお詫びはすぐ伝える、ということです。それは、伝えたい時にもうこの世にいないかもしれないから……。

私の家族は、2歳年上の夫と愛犬たち。父に誓った日本一のマナー講師になるために、私は今までやりたいことを自由にさせてもらいました。宇宙一優しい夫は、常に私を尊重してくれて、国内外を仕事で飛び回る私に、何ひとつ文句や愚痴を言ったことはありません。お互いの仕事が忙しく、彼のお休みの日に私を仕事現場に送ってくれる車中が、夫と愛犬たちと一緒にいられる貴重な時間。そんな生

天国に旅立った愛娘犬FABとの思い出コーナーには、生徒や講師、ドッグシッターやトリマーの方々からの贈り物を飾っています。生徒さんが描いてくれたFABとの絵も宝物です。

活を過ごしてきました。
そして気がつけば60歳を目の前にしている今、「私にとっていち

子どもがいない私にとって、FABは大切な長女。老いに気づいてあげられませんでした。

ばん大切で幸せだと思うことは？」と自問しました。答えは「夫と愛犬たちと一緒にいること」。21歳でマナー講師を目指し、何があっても絶対に諦めず仕事第一で突き進んできた道であり、まだまだやりたいことは山ほどあります。でも、それは夫と愛犬たちがいてくれるからできることなのです。

　愛犬といえば、13歳9か月で天国に逝った愛娘犬ＦＡＢ。子どものいない私にとって大切な長女。にもかかわらずＦＡＢの老いに気づいてあげることができず、ある日突然立つことができなくなってから2か月間の闘病生活を経て、夫と愛息犬と私に見守られながら眠るように息を引き取りました。「あの時、あぁしておけばよかった」「もっと一緒にいる時間を持っていたら」と後悔の念はいまだに尽きません。

　もうこれ以上、愛する大切な家族のことで後悔したくない、いや、してはいけない。そのためにも、アラ還のこれからは可能な限り、家族のそばで「ありがとう」の感謝をたくさん伝える毎日にしたいと思います。

06

今世での終わりに向かって

150歳まで生きる！　と公言している私は、夫やスタッフたちに「私のお葬式はよろしくね！」と頼んでいます。となれば、彼らは私が150歳になって今世の人生を終えるその日まで元気でいなければならないわけです（笑）。それにはやはり「健康」は絶対的に大事なこと。愛犬たちもそうですが、とにかくストレスのない生活をみんなで心がけています。

生活スタイルは仕事も含めてシンプルな方向にシフトし始めました。Part 1でご紹介したワードローブもこれから徐々に整理していく予定です。今までの人生に感謝しながらここでいったん幕を閉じ、後半の人生の幕開けに向かって「整理整頓」「片づけ清掃」「捨てて離れる」を行う時がきたようです。これからの人生の新たな幕

56歳で得度（仏教において僧侶となるための出家の儀式）も行いました。

開けにワクワクしながら、まずはこれらを楽しみながら行っていこうと思います。子どもの頃から「私がこの世からいなくなった時には、海に散骨を」と言い、「お墓はいらない、あっても入らない」と言っていた私ですが、今は、夫と愛犬たちと一緒にいたいと思うようになりました。人とペットが一緒にいられるお墓探しも始めています。何事も準備は大切ですから。

さらに、Facebookの広告で見た介護付き老人ホームのパンフレットを取り寄せてみたり、今までの私では考えもしないことを行いはじめていることに私自身がいちばん驚いています。

今世とのお別れの時には「幸せな人生だった」と誰もが思いたいことでしょう。「すべての悩みは対人関係」とアドラー博士が言い、「幸せは良好な人間関係から生まれる」とも言われるとおり、これからは安心、信頼できる人たちとともに、まだ成し遂げていない夢や目的を実現させ、微力ながらも社会に貢献できる存在であるよう精進し続けます。

もちろん、宇宙一優しい愛する夫と愛犬たちが一緒です。

ウェルネスマナーをライフワークに
私スタイルの悔いなき人生

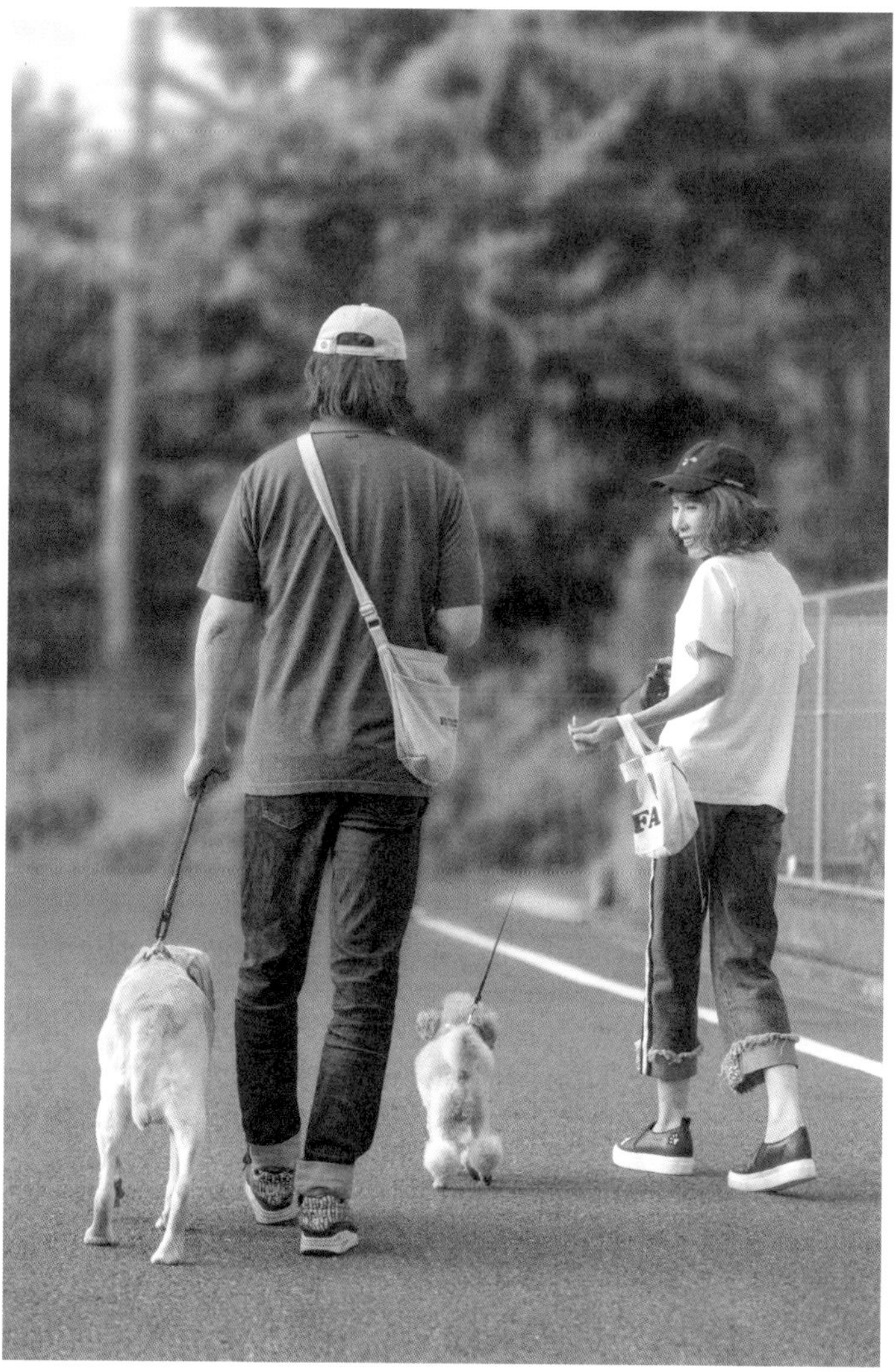

おわりに

この本を執筆中に気づかされたこと。それは、私は私に師事してくれる講師やスタッフ、生徒の皆さんを愛しているということ。そして、心からのマナーを伝えることは私の「使命・天命」、それに「仕命」であるということ。これからも私は、私スタイルで「真心マナー」を続けていくのでしょう。

20年間、私と一緒に「真心マナー」を伝え続けてくれている吉村まどかさんはじめ、私と一緒に活動してくれるスタッフ、講師とのご縁に感謝の気持ちでいっぱいです。そして素晴らしい本書を企画、

In conclusion

制作くださった皆さんにも感謝御礼申し上げます。

　本書は、共通の友人を偲ぶお茶会の席でその企画が生まれ、こうして誕生しました。企画くださった由井恵美さんと天国の友人のおかげさまです。その友人も今、天国から本書の誕生を喜んでくれていると思います。出会う人、起きることのすべてに意味があるということを実感します。本書との出会いをきっかけに、あなたにも天からの贈り物がふりそそがれますことを心より願っております。

　最後になりましたが、本書を手に取り、そばに置いてくださるあなたに、心から感謝御礼申し上げます。ありがとうございます。あなたがあなたらしく、理想の暮らしを実現くださいますように。

令和5年　錦秋

西出ひろ子

西出ひろ子

マナーコンサルタント。ヒロコマナーグループ代表として、法人3社を経営。大妻女子大学卒業後、参議院議員などの秘書職を経て、マナー講師として独立。1998年、英国オックスフォードに渡り、現地にて起業。帰国後は企業のコンサルティングをはじめ、テレビやCM、雑誌、新聞など多方面でマナーのカリスマとして活躍中。NHK大河ドラマや映画、CMなどのマナー監修や、俳優、タレント、モデルへのマナー指導も行う。皇室関連の取材などではマナー解説者としても定評がある。ベストセラー『お仕事のマナーとコツ』(Gakken)、近著『突然「失礼クリエイター」と呼ばれて』(きなこ出版)など著作監修本は国内外で100冊以上、著書累計100万部を超える。

公式HP:http://www.hirokomanner-group.com

ブログ:https://ameblo.jp/hirokomanner/

＊「TPPPO」「ハッピー水引」「ウェルネスマナー」「真心マナー」「マナー七福神」は西出博子の登録商標です。

マナーのカリスマが大切にする
私スタイルの暮らし方

著者　西出ひろ子
編集人　栃丸秀俊
発行人　倉次辰男
発行所　株式会社主婦と生活社
〒104-8357　東京都中央区京橋3-5-7
TEL　03-5579-9611（編集部）
TEL　03-3563-5121（販売部）
TEL　03-3563-5125（生産部）
https://www.shufu.co.jp
製版所　株式会社公栄社
印刷所　大日本印刷株式会社
製本所　下津製本株式会社

ISBN978-4-391-16094-9

落丁・乱丁の場合はお取り替えいたします。
お買い求めの書店か、小社生産部までお申し出ください。